J'écoute ! Je lis !
Listening and Reading Comprehension for Junior Certificate French

Chloe Murphy

J'aime la France

J'écoute ! Je lis !

Listening and Reading Comprehensions
for Junior Certificate French

SECOND EDITION

ALEX O'DWYER

GILL & MACMILLAN

Gill & Macmillan Ltd
Hume Avenue
Park West
Dublin 12
with associated companies throughout the world
www.gillmacmillan.ie

© Alex O'Dwyer 2001, 2006
© Artwork Kate Walsh

13 digit ISBN: 978 07171 3995 8

Print origination in Ireland by
Carrigboy Typesetting Services, Co. Cork

The paper used in this book is made from the wood pulp of managed forests.
For every tree felled, at least one tree is planted, thereby renewing natural resources.

All rights reserved.
No part of this publication may be reproduced, copied or transmitted in any
form or by any means without written permission of the publishers or else under
the terms of any licence permitting limited copying issued by
the Irish Copyright Licensing Agency.

Contents

1.	Je me présente	1
2.	Un, deux, trois	12
3.	Quel temps fait-il ?	21
4.	Le sport	32
5.	Je t'invite	42
6.	La nourriture	51
7.	Mon temps libre	62
8.	Le travail	72
9.	Les vacances	81
10.	L'école	93
11.	Révisons !	104
12.	Au magasin	115
13.	La ville	126
14.	Des affiches et des annonces	137
15.	La mode et les médias	146
16.	Les messages	160
17.	Des réservations	171
18.	La santé	181
19.	Les accidents de la route	190
20.	Les actualités	197

Foreword

Many Junior Certificate students, while having studied French for three years and having covered all of their course, do not do themselves justice in their exam. This is because they often do not know what is expected of them and because they are not familiar with the exam layout. *J'écoute ! Je lis !* has been written with a view to tackling this problem. It provides ample exam practice, particularly in listening and reading comprehension, which account for 75 per cent of the Higher Level and 81 per cent of the Ordinary Level paper.

J'écoute ! Je lis ! consists of twenty chapters, each with an individual theme and each progressively more difficult. Each chapter is divided into four sections:

Section A: This section provides vocabulary related to the chapter topic. Students should learn these words as they appear frequently in the exam. They also need to be familiar with them before attempting the other sections.

Section B: In this section there is a wide range of lively passages for reading comprehension and a variety of imaginative exercises based on the exam layout.

Section C: Listening comprehension is worth 44 per cent in both the Junior Certificate Higher and Ordinary Level exam. Therefore it is important that students get a lot of practice listening to authentic material and answering a variety of exam-type questions.

Section D: This section provides students with a written expression exercise (a letter, postcard or note) based on past exam papers.

I would like to thank Conor for all his support and encouragement and my colleagues in Loreto, Foxrock and Mount Sackville, Chapelizod for their helpful suggestions. I would also like to express my gratitude to Anthony Murray, Tess Tattersall, Charlotte Fabian and all the staff at Gill & Macmillan for their editorial expertise.

I hope you enjoy using *J'écoute ! Je lis !* and that it gives you confidence to successfully tackle your Junior Certificate exam. Bon courage à tous.

ALEX O'DWYER

Chapitre 1 — Je me présente

SECTION A: Le Vocabulaire

In this chapter people describe themselves and their families, they talk about their ages, their dates of birth and their nationalities. The following words and phrases will help you.

Nom
Je m'appelle Paul/Marie.
Il/elle s'appelle …

Age
J'ai quatorze ans.
Il/elle a quatorze ans.
J'aurai quatorze ans le mois prochain.
Je vais avoir quatorze ans la semaine prochaine.
Je viens d'avoir quatorze ans.
J'ai quatorze ans et demi.

Date de naissance
Mon anniversaire est le
Je suis né(e) le

premier	dix-sept	janvier
deux	dix-huit	février
trois	dix-neuf	mars
quatre	vingt	avril
cinq	vingt et un	mai
six	vingt-deux	juin
sept	vingt-trois	juillet
huit	vingt-quatre	août
neuf	vingt-cinq	septembre
dix	vingt-six	octobre
onze	vingt-sept	novembre
douze	vingt-huit	décembre
treize	vingt-neuf	
quatorze	trente	
quinze	trente et un	
seize		

J'écoute ! Je lis !

Description

| Je suis
Il/elle est | grand/grande (tall)
petit/petite (small)
de taille moyenne (of average height)
mince (thin)
gros/grosse (fat) |

| J'ai
Il/elle a | les yeux | bleus
gris
bruns
verts
marron |

| J'ai
Il/elle a | les cheveux | longs   noirs   frisés
courts bruns   bouclés
        blonds raides
        roux
        châtains (chestnut) |

| Je suis
Il/elle est | intelligent(e)
patient(e)
bavard(e) (talkative)
beau/belle
sportif/sportive
compréhensif/compréhensive (understanding)
paresseux/paresseuse (lazy)
ambitieux/ambitieuse
sérieux/sérieuse
sociable (outgoing)
timide (shy)
sympathique (nice) |

Famille

| J'ai | un frère
deux frères
trois frères | et | pas de sœur(s)
une sœur
deux sœurs |

Je n'ai pas de frère et sœur.

Je suis   enfant unique
          fille unique
          fils unique

Nationalité

Je suis   irlandais(e)   (Irish)
Il/elle est   anglais (e)   (English)
              français(e)   (French)
              espagnol(e)   (Spanish)
              allemand(e)   (German)
              africain(e)   (African)
              hollandais(e)   (Dutch)
              américain(e)   (American)
              italien(ne)   (Italian)
              australien(ne)   (Australian)
              canadien(ne)   (Canadian)
              suisse   (Swiss)
              belge   (Belgian)

Je parle irlandais.

J'habite   à Dublin   en Irlande
           à Lyon   en France
           à Lisbon   au Portugal
           à Boston   aux Etats-Unis

SECTION B: La Compréhension

Exercice Un

Read the following ads for pen pals and then do the exercise which follows.

Salut, moi, je m'appelle Marc et je suis français. J'ai quinze ans. Je cherche une correspondante irlandaise ou anglaise qui a le même âge que moi. Je suis grand et j'ai les cheveux bruns et les yeux bleus. Je suis calme et sérieux de nature. J'aime le sport. Je parle français, anglais et espagnol. N'oubliez pas de m'envoyer une photo.

J'écoute ! Je lis !

Moi, je m'appelle Alice et je suis irlandaise. J'habite à Tralee dans le comté de Kerry. J'aimerais correspondre avec un jeune garçon de mon âge. J'ai treize ans et mon anniversaire est le huit août. Je suis fille unique. Je suis petite et mince. J'ai les yeux bleus et les cheveux roux. Je parle irlandais, anglais et français. Ecrivez-moi vite.

Moi, je m'appelle Carla et je suis espagnole. J'habite près de Madrid avec ma famille : mes parents, mes deux sœurs et mon frère. Je suis la cadette de la famille et j'aurai seize ans le mois prochain. Je suis assez belle avec les yeux bruns et les cheveux châtains bouclés. J'aimerais correspondre avec des jeunes français ou espagnols de 15 à 18 ans. Je répondrai à tous et à toutes.

Salut, moi, c'est David et j'habite en Italie. J'aimerais beaucoup avoir des copains et des copines qui m'écrivent de temps en temps. J'ai dix-sept ans. J'aime tous les sports et j'adore la musique rock. Je suis sportif, intelligent et sociable de nature. Je parle italien, français et un peu d'anglais. Ma réponse est assurée.

Tick the correct box.   **TRUE   FALSE**

1. David speaks Italian, French and some German.   ☐   ☐
2. Carla is sixteen.   ☐   ☐
3. Alice has no brothers or sisters.   ☐   ☐
4. Marc is looking for a female correspondent.   ☐   ☐
5. Alice is tall and thin.   ☐   ☐
6. Two correspondents promise to reply.   ☐   ☐

Exercice Deux

Match the following famous people to the correct description.

1. Rapunzel ☐   A. Je suis brun avec les yeux bleus et je suis petit. J'aime faire des blagues et je suis courageux. Je cours très vite et je n'aime pas les chats.

2. Jerry ☐   B. Je suis américain. J'ai dix ans et j'ai les cheveux blonds et les yeux bleus. Je suis sociable. J'ai deux sœurs.

3. Bart Simpson ☐   C. J'ai les cheveux blonds très longs et les yeux bleus. Je suis belle. Je n'ai ni frères ni sœurs. J'habite une tour.

4. Cinderella ☐   D. Je suis américain. Je n'ai pas de cheveux. J'ai des oreilles très grandes et des yeux bleus. Je suis mignon.

5. Mickey Mouse ☐   E. Je suis belle. J'ai les cheveux longs bruns et j'ai deux sœurs. Mes sœurs sont paresseuses et ne sont pas très belles.

Exercice Trois

Cherchez les mots !

Find the French words hidden in the square (horizontal, vertical, forward and backward).

IRISH	JANUARY	TWENTY	THIN
GERMAN	APRIL	SIXTEEN	LAZY
SPANISH	JULY	THIRTY	SHY
BELGIAN	AUGUST	NINE	TALL
SWISS	MAY	FIVE	FAT

T	I	M	I	D	E	A	F	S	O	R	G
S	R	A	R	E	G	E	C	N	I	M	R
A	L	L	E	M	A	N	D	Q	N	I	C
D	A	N	E	V	I	A	V	R	I	L	S
R	N	O	S	N	L	I	E	G	B	A	P
E	D	P	P	A	R	E	S	S	E	U	X
I	A	R	A	S	L	T	T	A	L	O	N
V	I	N	G	T	D	N	A	R	G	N	E
N	S	O	N	R	I	E	V	P	E	S	U
A	L	A	O	U	T	R	H	R	N	D	F
J	U	I	L	L	E	T	E	Z	I	E	S
I	A	M	E	S	S	I	U	S	Q	N	T

Exercice Quatre

Here is a letter written by Marie to her new pen pal. Read it and then answer the questions which follow.

Nantes, le 11 octobre

Cher Conor,

Je m'appelle Marie et je suis ta nouvelle correspondante française. J'habite à Nantes en Bretagne, dans le nord-ouest de la France. J'ai quatorze ans mais mon anniversaire est le deux novembre, alors j'aurai bientôt quinze ans. Quel âge as-tu ?

Je suis grande et mince. J'ai les cheveux longs et blonds et les yeux verts. Je suis sportive mais un peu timide. Je parle français, anglais et un petit peu d'allemand. Et toi, tu parles quelles langues ?

J'ai deux frères et je n'ai pas de sœur. Mes frères s'appellent Nicolas et Paul. Nicolas a dix-sept ans. Il a les cheveux bruns et bouclés et les yeux bruns. Je pense qu'il est très beau. Il est ambitieux et très sympathique. Paul a treize ans. Il a les cheveux bruns et les yeux verts. Il est intelligent mais paresseux. Est-ce que tu as des frères et des sœurs ?

J'attends avec impatience ta lettre. A bientôt.

Amitiés,
Marie

---

1. Where does Marie live?
2. What age is Marie?
3. Describe what Marie looks like (three points).
4. What languages does Marie speak?
5. How many brothers and sisters has Marie got?
6. What ages are they?
7. Describe what Nicolas looks like.
8. Describe Paul's personality.

Exercice Cinq

Fiche Portrait N°671
FORBES MARCH

Nom : March.
Prénom : Forbes, William.
Né le : 12 mai 1973.
À : Bristol, en Grande-Bretagne.
Signe astrologique : Taureau.
Situation de famille : son père, Peter, est professeur de philosophie, et sa mère, Janette, enseigne l'anglais et la musique.
Lieu de résidence : il se partage entre Hoboken (États-Unis) et Toronto (Canada).
Côté cœur : sa chérie s'appelle Vanessa. Ils ont eu ensemble une petite Marina.
Principales qualités : il est déterminé et optimiste.
Principaux défauts : il est désordonné et tête en l'air.
Il aime : jouer du piano et de la guitare, ainsi que sortir avec ses amis.
Il déteste : l'agressivité et la méchanceté gratuite.
Signe particulier : il a deux chiens et un canari.

Enfance : il grandit dans un environnement très créatif, à Halifax et Nova Scotia au Canada, puis part pour Montréal afin d'y poursuivre des études supérieures.
Parcours : son diplôme en poche, il écoute son coeur et décide de s'installer à Vancouver pour démarrer une carrière d'acteur. Il fait divers petits boulots, notamment du porte-à-porte pour vendre des montres, ce qui l'amène à sonner un jour à la porte de Charles Stuart, le propriétaire d'une agence de mannequins. Ce dernier, subjugué par son physique, l'engage aussitôt. Peu après, Forbes fait ses débuts de comédien à la télé, dans la série canadienne *Northwood*. Il part ensuite à Milan poursuivre sa carrière de top. Il y reste trois ans. Mannequin pour de prestigieuses marques comme Armani, Marlboro Clothing et encore Tommy Hilfiger, le jeune homme voyage aux quatre coins du monde, puis décide, en 1998, d'emménager à New York pour prendre des cours de théâtre. C'est à ce moment-là qu'il décroche le rôle de Scott Chandler dans le sitcom *All My Children*, ce qui lui permet de se faire remarquer par d'autres producteurs et de jouer dans le film d'horreur *Campfire Stories*, puis dans *Mutant X* (2001), série dans laquelle il incarne Jesse Kilmartin, l'un des personnages principaux.
Actu : dévorez-le des yeux tous les samedis soir à 22 h 30 dans *Mutant X*, sur M6 !

1. When is Forbes's birthday?
2. What does his mother do for a living?
3. Does he have any children?
4. Name one of his qualities.
5. Name one of his faults.
6. Name two things he likes to do.
7. What did he once sell door-to-door?
8. How long did he live in Milan?

J'écoute ! Je lis !

SALUT

Fiche Portrait N°673
SÉVERINE FERRER

Nom : Ferrer.
Prénom : Séverine.
Née le : 31 octobre 1977.
À : Montpellier.
Signe astrologique : Scorpion.
Famille : elle est mariée et maman d'un petit Joshua né le 23 octobre 2000 !
Lieu de résidence : Paris.
Principales qualités : elle est naturelle, spontanée et humble.
Principaux défauts : elle est rêveuse, méfiante et obstinée.
Elle aime : les chaussures et le chocolat.
Elle déteste : les conflits et la jalousie.
Signe particulier : elle vient de lancer une ligne de vêtements pour femmes enceintes !
Enfance : elle n'a que 3 mois lorsque ses parents s'expatrient à Saint-Denis de la Réunion.
Parcours : à 7 ans, Séverine est sacrée mini Miss Réunion. Rendue populaire grâce à ce titre, elle devient mannequin et forme avec des copines une troupe de comédie musicale : les Enfants du soleil. À 11 ans, elle sort un disque en solo, *J'veux pas grandir déjà*, et devient animatrice télé. Durant trois ans, elle va présenter *le Séverine Club*. Pour parfaire ses talents artistiques, elle multiplie les cours de chant, de comédie et de danse. Mais pour percer, elle doit conquérir Paris. En 1991, sa famille quitte la Réunion pour la métropole. Les débuts sont difficiles, mais à force de volonté, de ténacité et de talent, Séverine décroche des rôles dans des téléfilms et des sitcoms, comme *Classe Mannequin* et *Studio Sud*, et joue dans quelques films, tels que *Beaumarchais, l'insolent* (1995) et *Delphine 1 – Yvan 0* (1996). Repérée par M6, la belle métisse se voit confier l'animation de *Hit Dance*, puis de *Fan de*. Boulimique de travail, elle n'abandonne pas pour autant sa carrière de comédienne. C'est ainsi qu'on la retrouve à 20 ans à l'affiche de *Ça reste entre nous*. Et l'année dernière, on a eu le plaisir de la voir dans *Lola, qui es-tu Lola ?*, série à succès diffusée par France 2.
Actu : en avril dernier, la belle a publié son premier livre, intitulé *Des étoiles plein la tête*, et sorti son premier album éponyme dont est extrait le single *Dieu me pardonne*. Quel bien joli parcours !

1. Name one of Séverine's qualities.
2. Name one of her faults.
3. Name two things that she likes.
4. What business has she just launched?
5. When did she move to La Réunion?
6. What happened to her in 1991?
7. When did she publish her first book?

1 • Je me présente

SECTION C: L'Ecoute

Exercice Un

 Listen to the recording in which three young people introduce themselves. Fill in the information below.

1. Name: Nicolas ✓2
   Age: 15 ✓2
   Date of birth: 13th July ✓4
   Colour of hair: Brown ✓2
   Colour of eyes: Blue ✓2
   Nationality: Belgian ✓2
   One personality trait: Sporty ✓2
   No. of brothers and sisters: only child ✓2
   Languages spoken: French, Dutch ✓2

2. Name: Sophie ✓2
   Age: 18 ✓2
   Date of birth: 12 October ✓4
   Colour of hair: blond ✓2
   Colour of eyes: Green ✓2
   Nationality: Swiss ✓2
   One personality trait: Shy ✓2
   No. of brothers and sisters: 1 brother ✓2 0 sister ✓2
   Languages spoken: French, English, German ✓6

J'écoute ! Je lis !

3. Name: Julie?
   Age: 16
   Date of birth: 5 June
   Colour of hair: chestnut brown
   Colour of eyes: brown
   Nationality: Spanish
   One personality trait: Intelligent
   No. of brothers and sisters: 1 sisters / 3 brother
   Languages spoken: Spanish, French

Exercice Deux

Listen to four people describing their best friends and fill in the information below.

Friend's name	Age	Physical description	Personality

Exercice Trois

 Listen to ten people giving their ages and their birthdays. Fill in the information below.

Name	Age	Birthday
1. Julie	31	28 February
2. Pierre	15½	20 July
3. Jean Louise	19	25 September
4. Paul	63	7 January
5. Rachel	16	12 April
6. Christine	47	3 August
7. Clara	9	7 March
8. Richard	28	30 June
9. Betrice	18	24 December
10. Philip	14	16 October

SECTION D: L'Ecrit

Write a letter to your new French pen pal telling him/her all about yourself. Include information about the following:
- your age and birthday
- number of brothers and sisters and their ages
- a description of yourself
- where you live.

Chapitre 2 — Un, deux, trois

SECTION A: Le Vocabulaire

This chapter deals with numbers. It is very important for the Junior Certificate that you know your numbers well. You will need them in order to understand people's ages, number of brothers and sisters, dates of birth, telephone numbers, prices and the time. These are questions that are often asked in the exam. In Chapter One we looked at the numbers 1–31 when we did dates of birth. In this chapter we will look at the remaining numbers.

Phone numbers in France are called out in double or triple digits, e.g. 89 26 42 11 or 433 22 10 86.

Les numéros

trente	30	soixante-dix-sept	77
trente et un	31	soixante-dix-huit	78
trente-deux	32	soixante-dix-neuf	79
quarante	40	quatre-vingts	80
quarante et un	41	quatre-vingt-un	81
quarante-deux	42	quatre-vingt-deux	82
cinquante	50	quatre-vingt-dix	90
cinquante et un	51	quatre-vingt-onze	91
cinquante-deux	52	quatre-vingt-douze	92
soixante	60	cent	100
soixante et un	61	cent un	101
soixante-deux	62	cent deux	102
soixante-dix	70	deux cents	200
soixante et onze	71	deux cent un	201
soixante-douze	72	mille	1.000
soixante-treize	73	mille un	1.001
soixante-quatorze	74	deux mille	2.000
soixante-quinze	75	un million	1.000.000
soixante-seize	76		

Quelle heure est-il ?

9.00	Il est neuf heures.	9.40	Il est dix heures moins vingt.
9.05	Il est neuf heures cinq.		Il est neuf heures quarante.
9.15	Il est neuf heures et quart.	9.45	Il est dix heures moins le quart.
	Il est neuf heures quinze.		Il est neuf heures quarante-cinq.
9.30	Il est neuf heures et demie.	12.00	Il est midi.
	Il est neuf heures trente.		Il est minuit.

Des expressions importantes

une fois	*once*
deux fois	*twice*
une douzaine	*a dozen*
une quinzaine	*a fortnight (about fifteen)*
un demi	*a half*
la moitié (de)	*(the) half (of)*
huit sur dix	*eight out of ten*
un virgule cinq	*one point five*
beaucoup de	*a lot of*
la plupart de	*most of*
Quel âge as-tu/avez-vous ?	*What age are you?*
Quel est ton/votre date d'anniversaire ?	*What date is your birthday?*
Ça coute combien ?	*How much does that cost?*
Ça fait combien ?	*How much does that come to?*
Quel est ton/votre numéro de téléphone ?	*What is your phone number?*

SECTION B: La Compréhension

Exercice Un

Un-jumble the following fifteen numbers.

RGIENTQAVTU

CNUNEIQAT

J'écoute ! Je lis !

XIUDITH
NEQZUI
SRTIO
SANOXETIETPS
QRUCQNATINAE
RNNFETTEUE
GIQTERUNVDZUEAT
PETEOEASXNSTI
HITZUDI
TEXQROUA
QNTDEIXNCUUAE
NTXIODIEXAS
NTEECUXD

Exercice Deux

Chassez l'intrus ! Remember to say why it is the odd one out.

1. (a) euro
   (b) argent
   (c) livre
   (d) chambre

2. (a) douzaine
   (b) mille
   (c) magasin
   (d) cent

3. (a) très
   (b) treize
   (c) trois
   (d) trente

Exercice Trois

Match these times to the clocks.

1. Il est neuf heures et quart. ☐
2. Il est treize heures vingt. ☐
3. Il est quatre heures et demie. ☐
4. Il est midi. ☐
5. Il est dix heures moins dix. ☐
6. Il est sept heures moins vingt-cinq. ☐
7. Il est dix heures quarante. ☐
8. Il est vingt-trois heures cinq. ☐
9. Il est minuit. ☐
10. Il est quatre heures moins vingt. ☐

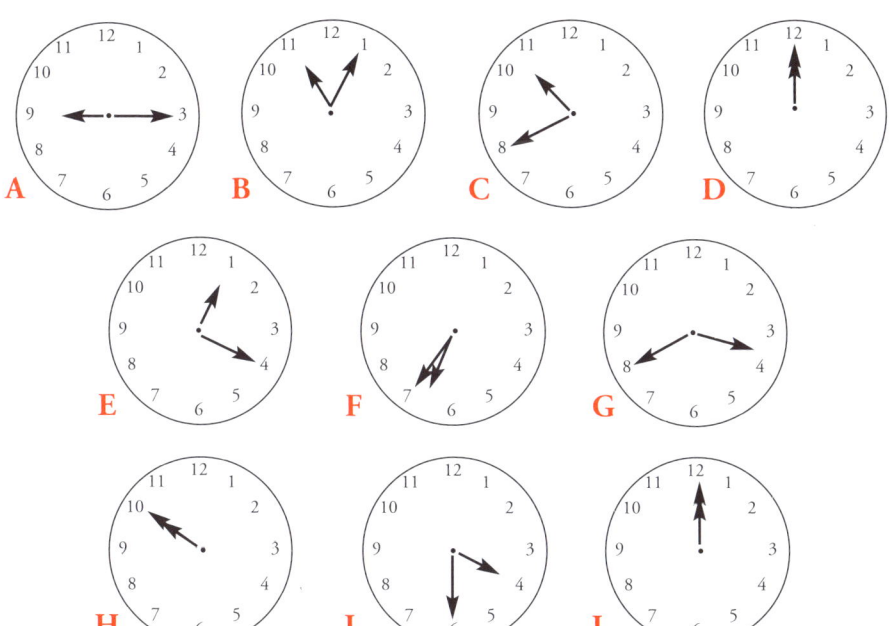

J'écoute ! Je lis !

Exercice Quatre

Write out the following times in words.

1. 12.25 _____
2. 3.50 _____
3. 5.10 _____
4. 17.30 _____
5. 16.45 _____
6. 4.40 _____
7. 8.15 _____
8. 9.45 _____
9. 11.15 _____
10. 21.00 _____

Exercice Cinq

Lisez et écrivez. Fill in the missing words in the text.

Moi, je _____ François et j'ai treize ans et _____. Mon _____ est ____ huit avril. Je _____ grand et j'ai les _____ bruns et les yeux bruns. Je _____ français et _____ à Lorient en Bretagne. Il y a six personnes dans ma _____. Il y a mes deux _____, Paul et Claire, et il y a moi, mes deux _____ et mon _____. Mes sœurs Alexandra et Béatrice _____ dix _____ et seize ans et _____ frère Nicolas _____ huit ans. J'adore le tennis et ____ natation.

Exercice Six

Fiche Portrait N°386
SÉBASTIEN LORCA

Nom : Lorca.
Prénom : Sébastien.
Né le : 16 juillet 1978.
À : Carpentras (83).
Situation de famille : son papa, Jean-Baptiste, est comédien et musicien, et sa maman, Marie-France, est infirmière. Il a un grand frère de 25 ans, Christophe, qui est batteur. Avis aux filles : Sébastien est un cœur à prendre !
Lieu de résidence : Paris.
Signe particulier : après chaque télé, il appelle immédiatement ses parents pour leur demander leur avis sur sa prestation.
Principales qualités : est travailleur, sincère, généreux et d'une grande gentillesse.
Principaux défauts : est têtu mais aussi timide.
Il aime : le soleil, le foot et son portable !
Il déteste : l'hypocrisie et le temps qu'il fait à Paris !

Enfance : à 5 ans, Sébastien sait déjà qu'il veut être un artiste plus tard. Cette vocation lui vient de son père : «*Je voulais faire rire les gens comme mon papa le faisait si bien. Je me suis juré de faire le même métier que lui*». Alors, son enfance, il la passe à suivre partout son père : sur les tournages, dans les théâtres, mais aussi dans les salles de concert.

Parcours : Sébastien n'a que 7 ans quand il débute au théâtre. A 9 ans, il décroche son premier rôle dans le téléfilm *Fou de foot*. Il est amené à tourner au côté de Claude Brasseur, Valérie Mairesse, ou encore de Roger Hanin, auprès de qui il dit avoir énormément appris. Quant aux études, même s'il est plutôt bon élève, il les arrête une fois son bac en poche, à 16 ans et demi ! Dans un karaoké à Avignon, il fait la connaissance de Sonia Lacen, qui lui présente son manager, Philippe Bergman. Une rencontre payante puisque, quelque temps plus tard, celui-ci devient son conseiller artistique. La suite ? Sébastien se présente à un casting pour une comédie musicale, et son talent lui vaut d'être engagé pour le rôle d'Ali Baba.

Actu : n'hésitez pas à réserver vos places pour voir *Ali Baba* sur scène. Les représentations débuteront au Zénith de Paris le 23 septembre, et, dès novembre, le spectacle se baladera à travers la France.

1. On what date was Sébastien Lorca born?
2. What does his mother do for a living?
3. How many brothers and sisters does he have?
4. Name three of Sébastien's qualities.
   Name one of his faults.
6. Name two things that he likes.
7. Name one thing that he hates.
8. Why did he want to work in entertainment?
9. When did Sébastien leave school?
10. When will the show *Ali Baba* start touring around France?

J'écoute ! Je lis !

SALUT

Fiche Portrait N°385
R. KELLY

Nom : Kelly.
Prénom : Robert, dit R.
Né le : top secret !
À : Chicago.
Situation de famille : est célibataire, mais papa d'une jolie petite fille.
Lieu de résidence : Chicago.
Le saviez-vous ? Sa popularité aux Etats-Unis repose autant sur sa musique que sur ses talents de basketteur. D'ailleurs, Michael Jordan est son meilleur ami.
Principales qualités : est courageux.
Principaux défauts : il travaille et accorde ses interviews uniquement la nuit !
Il aime : principalement le basket-ball.
Il déteste : l'hypocrisie.
Enfance : basketteur prometteur, Robert se découvre un don pour la musique au lycée. D'ailleurs, son professeur de chant, Lena McLin, voyant déjà en lui une future star, lui apprend à développer sa voix, lui fait découvrir l'opéra de Chicago et finit par l'inscrire à un concours de chant qu'il remporte haut la main. Surpris par l'accueil du public (car même lors de ses matchs de basket, cela n'est pas aussi impressionnant !), Robert finit par laisser tomber le ballon au profit du micro.
Parcours : après avoir réuni suffisamment d'argent pour acheter un clavier électronique portatif, avec ses copains, il enflamme chaque coin de rues de Chicago jusqu'au jour où il finit par constituer MGM, un groupe local de R&B. En 1991, il signe avec Jive Records. L'année suivante, il sort son premier album, *Born into the 90's*, qui est d'entrée disque de platine aux Etats-Unis. Depuis, il collectionne les Grammy Awards, enchaîne succès sur succès, ses tournées se font toujours à guichets fermés, et il s'est fait mondialement connaître avec le tube *I Believe I Can Fly*, extrait de la b.o. de *Space Jam*. Il travaille également en tant qu'auteur, compositeur et remixeur pour de nombreux artistes, comme Michael Jackson, sa sœur Janet et Whitney Houston. Depuis janvier dernier, ce 'lover' charme la France entière avec *If I Could Turn Back the Hands of Times*, une tendre mélodie extraite de son quatrième album, *R*.
Actu : en attendant son prochain album, patientez avec le premier single extrait qui sortira au début de l'été.

1. Is Robert Kelly married?
2. What does he say about Michael Jordan?
3. What is his best quality?
4. What is his main fault?
5. Apart from music what other pastime has he?
6. Where did he discover his talent for music?
7. Who was Lena McLin?
8. In what year did his first album come out?
9. When did Robert become popular in France?

SECTION C: L'Ecoute

Exercice Un

Listen to the 24-hour talking clock and write in the times you hear.

1. _____
2. _____
3. _____
4. _____
5. _____
6. _____
7. _____
8. _____
9. _____
10. _____

Exercice Deux

Listen to Brigitte talking about herself and tick whether the following statements are true or false.

	TRUE	FALSE
1. Brigitte is thirteen years old.	☐	☐
2. Her birthday is the third of July.	☐	☐
3. She was born in 1993.	☐	☐
4. Her house is no. 67.	☐	☐
5. She has two brothers and no sisters.	☐	☐
6. Her brothers are fourteen and nineteen.	☐	☐
7. Her dad is forty-nine years old.	☐	☐
8. Her mum is a teacher.	☐	☐
9. Brigitte's pastimes are cinema and sport.	☐	☐
10. Her phone number is 78 45 02 30.	☐	☐

J'écoute ! Je lis !

Exercice Trois

 Listen to the recording of a bingo game and write down the numbers mentioned.

1. _____   6. _____
2. _____   7. _____
3. _____   8. _____
4. _____   9. _____
5. _____   10. _____

Exercice Quatre

Listen to four short conversations and answer the following questions.

1. (a) What time will the train arrive at?
   (b) At what platform will it arrive?
2. What is Paul's telephone number?
3. (a) What time will the film start at?
   (b) How much do the two tickets cost?
4. What is the telephone number mentioned?

SECTION D: L'Ecrit

Write a letter to your new pen pal giving him/her the following information about yourself:
– Your name is Mark/Marie.
– You are fourteen years old.
– Your birthday is the tenth of July.
– You have brown hair and blue eyes.
– You have two brothers and one sister.
– Your sister's name is Jenny and she is twelve.
– Your brothers' names are David and Paul and they are twenty and eighteen.
– You like sport.
– Ask him/her what age he/she is and what date is his/her birthday.

Chapitre 3 — Quel temps fait-il ?

SECTION A: Le Vocabulaire

The theme of this chapter is the weather. This topic is often examined in the listening comprehension section on both the Ordinary and Higher Level papers. In the written expression section of both papers where you have to write a letter and a postcard or a note, you are also often asked to describe the weather.

Il pleut. *It is raining.*

Il gèle. *It is freezing.*

Il neige. *It is snowing.*

Il y a du brouillard. *It is foggy.*

Il fait froid. *It is cold.*

Il y a du soleil. *It is sunny.*

Il y a des nuages. *It is cloudy.*

Il fait chaud. *It is hot.*

Il y a du vent. *It is windy.*

J'écoute ! Je lis !

Des expressions utiles

Quel temps fait-il ?	*What is the weather like?*
Quel temps faisait-il ?	*What was the weather like?*
Il fait mauvais.	*It is bad (i.e. the weather is bad).*
Il fait beau.	*It is fine.*
Il y avait du soleil.	*It was sunny.*
Il y aura du soleil.	*It will be sunny.*
Le soleil brille.	*The sun is shining.*
Le vent souffle.	*The wind is blowing.*
Le ciel est couvert.	*The sky is overcast.*
Le temps était beau.	*The weather was good.*

Des mots clés

la météo	*weather forecast*
une averse	*a shower*
la brume	*mist*
brumeux	*misty*
un orage	*a storm*
orageux	*stormy*
le nuage	*cloud*
nuageux	*cloudy*
la neige	*snow*
une inondation	*a flood*
la grêle	*hail*
les éclaircies (f)	*bright spells*
la température	*temperature*

SECTION B: La Compréhension

Exercice Un

Match the following weather expressions to the correct picture.

1. Il fait chaud. ☐
2. Il y a du vent. ☐
3. Il neige. ☐
4. Il pleut. ☐
5. Il y a des nuages. ☐
6. Il y a du brouillard. ☐

3 • Quel temps fait-il ?

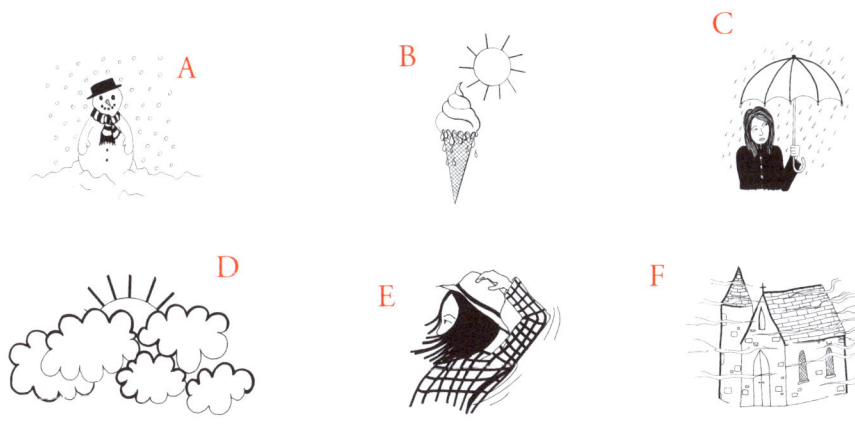

Exercice Deux

Look at the following pictures and write a sentence under each one describing the weather.

_____   _____

_____   _____

_____   _____

23

J'écoute ! Je lis !

Exercice Trois

Read the following letter and answer the questions which follow.

> Chère Alice,
>
> Je m'appelle Marie et je suis ta nouvelle correspondante. J'ai quinze ans. Quel âge as-tu ? Je suis française et je parle français, anglais et un peu d'allemand. J'ai deux frères et je n'ai pas de sœur. Mes frères s'appellent David et Vincent. Ils ont dix ans et treize ans. Et toi, tu as combien de frères et de sœurs ?
>
> Je suis grande et j'ai les cheveux blonds. Je suis de nature calme et optimiste mais je suis un peu paresseuse. Je n'aime pas le sport.
>
> J'habite à Nice, une assez grande ville dans le sud de la France. En été il fait très chaud à Nice. Le soleil brille presque tous les jours et il pleut rarement. Nous allons souvent à la plage. En hiver il fait froid et il y a souvent du vent. Quel temps fait-il en Irlande ? Est-ce qu'il pleut tout le temps ?
>
> Je t'envoie une photo de moi et ma famille devant notre maison. Ecris-moi bientôt.
>
> Amitiés,
> Marie

1. What age is Marie?
2. What languages does she speak?
3. What ages are her brothers?
4. Describe what Marie looks like.
5. Describe her personality.
6. In what part of France is Nice?
7. What is the weather like in Nice in the summer?
8. What is the weather like in the winter?
9. What does Marie ask Alice about the weather in Ireland?
10. What is she sending Alice?

Exercice Quatre

Why would you ring this telephone number?

> **Prévisions**
> **MÉTÉO FRANCE**
> **à 7 jours**
> **département**
> **par département**
> **08.36.68.08.08**
> 0.50 euros la minute

Exercice Cinq

Read the following weather report and answer the questions.

AH BON,
c'est donc l'été !

Pas très bien parti notre premier jour d'été ! Le ciel s'annonce nuageux, parfois pluvieux sur les trois quarts du pays, avec des températures à la baisse. Ça se maintiendrait cependant à l'Est et sur le littoral méditerranéen.

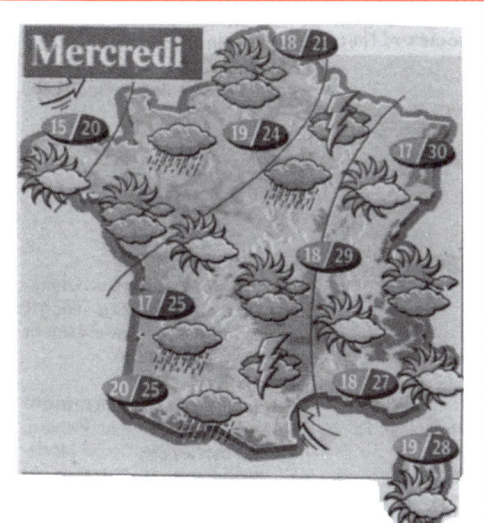

1. What day is this forecast for?
2. What season is it?
3. Describe what the weather will be like (two points).

25

Exercice Six

Journée printanière

MERCREDI. Le 22 mars.

Bretagne, Pays de Loire, Basse-Normandie. – La journée est assez agréable avec de belles périodes ensoleillées. Les températures varient entre 13 et 16 degrés.

Nord-Picardie, Ile-de-France, Centre, Haute-Normandie, Ardennes. – Après dissipation des quelques bancs de brume et de brouillard présents en Nord-Picardie, le temps est bien ensoleillé. Il fera de 13 à 16 degrés.

Champagne, Lorraine, Alsace, Bourgogne, Franche-Comté. – Le ciel est bien dégagé, le soleil brillera toute la journée. Il fera de 14 à 15 degrés sur la Champagne-Ardenne et la Lorraine, 16 à 17 sur l'Alsace et la Franche-Comté et de 16 à 18 sur la Bourgogne.

Poitou-Charentes, Aquitaine, Midi-Pyrénées. – Beaucoup de soleil sur Midi-Pyrénées, avec des débordements nuageux par le sud qui peuvent occasionner des ondées sur les reliefs. Sur l'Aquitaine et les Charentes le ciel est voilé en matinée puis plus chargé l'après-midi, mais l'impression de beau temps prédomine. Il fera de 16 à 20 degrés.

Limousin, Auvergne, Rhône-Alpes. – Le soleil est au rendez-vous sur ces régions. Un voile nuageux s'installe progressivement sur le Limousin. Il fera 13 à 15 degrés sur le Massif-Central, 15 à 17 sur Rhône-Alpes.

Languedoc-Roussillon, Provence-Alpes-Côte d'Azur, Corse. – Les nuages sont très nombreux sur le Languedoc et sont accompagné d'un vent de sud-est soutenu à 60 km/h en rafales. Ailleurs le beau temps domine. Il fera 13 à 15 degrés sur le Languedoc-Roussillon, 15 et 18 sur le reste de la région.

TRUE FALSE

1. This weather forecast is for Wednesday 22 March.   ❑ ❑
2. In Brittany and Normandy it will be a fine day with some nice sunny periods.   ❑ ❑
3. In Nord-Picardie and Ile-de-France the day will begin by being misty and foggy.   ❑ ❑
4. In Champagne, Lorraine and Alsace there will be rain. ❑ ❑
5. In Poitou-Charentes it will be very windy.   ❑ ❑
6. The Auvergne region will see some sun today.   ❑ ❑
7. It will be cloudy and windy in the Languedoc region. ❑ ❑

Exercice Sept

"Ma terminale"
Huit élèves à la loupe !

"Ma terminale" n'est pas une série comme les autres. Tournée comme un documentaire, elle met en scène des comédiens professionnels. L'histoire est simple : Margot passe son bac, option cinéma. Son projet est de filmer sa classe de terminale jour après jour. Ainsi, tu découvriras le quotidien de ses quinze camarades d'école. Pour l'heure, *Hit Machine Girl* te présente huit élèves, donc huit acteurs de ce programme à ne manquer sous aucun prétexte, tous le jours, du lundi au vendredi, à 17h15 à partir du 18 octobre !

Rôle : Thia Martin.
Nom : Boquien.
Prénom : Camille.
Ville d'origine : Le Mans, dans la Sarthe. Elle y a vécu jusqu'à ses 13 ans et s'y rend trois à quatre fois par an.
Passions : la musique, le cinéma et les fringues.
Ses trois qualités : indulgente, positive et débrouillarde.
Ses trois défauts : susceptible, autoritaire et têtue.
Activités pratiquées : la boxe française et le snow-board.

Rôle : Juliette Dreillard.
Nom : Le Jannou.
Prénom : Pauline.
Ville d'origine : Coubron, en Seine-Saint-Denis. Elle y a vécu vingt ans.
Passions : la comédie, le théâtre, la danse, la photographie et les voyages.
Ses trois qualités : nature, gentille et généreuse.
Ses trois défauts : impatiente, exigeante et gourmande.
Activités pratiquées : la danse, le body combat et le ski.

Rôle : Alexandre Coste.
Nom : Aubert.
Prénom : Clément.
Ville d'origine : Courbevoie, dans les Hauts-de-Seine, mais il a toujours vécu à Paris.
Passions : le théâtre et le cinéma.
Ses trois qualités : à l'écoute, volontaire et créatif.
Ses trois défauts : mal organisé, peu fiable, et il peut être excessif quand il ne va pas bien.
Activités pratiquées : le billard.

Rôle : Vanessa Pallazzio.
Nom : Weyeneth.
Prénom : Amélie.
Ville d'origine : Vernon, dans l'Eure.
Passions : le théâtre.
Ses trois qualités : perfectionniste, sociable et joviale.
Ses trois défauts : têtue, de mauvaise foi et trop tête en l'air.
Activités pratiquées : la danse.

J'écoute ! Je lis !

Rôle : Idir Lounes.
Nom : Ouzane.
Prénom : Nadjim.
Ville d'origine : Orly, dans le Val-de-Marne. Il a des origines kabyles.
Passions : le théâtre, la musique, le sport et le cinéma.
Ses trois qualités : volontaire, respectueux et sincère.
Ses trois défauts : rancunier, direct et obstiné.
Activités pratiquées : aucune en particulier.

Rôle : Margot Villers.
Nom : Vencia.
Prénom : Laure.
Ville d'origine : Bayeaux, dans le Calvados.
Passions : le théâtre, la danse et le chant.
Ses trois qualités : souriante, dynamique et sensible.
Ses trois défauts : obstinée, susceptible et impulsive.
Activités pratiquées : le volley-ball et l'équitation.

Rôle : Emmanuel Davin.
Nom : Clément.
Prénom : Alanic.
Ville d'origine : Paris, dans le 20e arrondissement.
Passions : la comédie, la musique, le cinéma et tout ce qui touche à l'art.
Ses trois qualités : attentionné, sociable et déterminé.
Ses trois défauts : excessif, nerveux et pessimiste.
Activités pratiquées : désormais aucune, mais il pratiquait la boxe thaïlandaise.

Rôle : Kevin Nax.
Nom : Quagliara.
Prénom : Thomas.
Ville d'origine : Mons, en Belgique. Il a des origines italiennes.
Passions : toutes les bonnes choses de la vie.
Ses trois qualités : ouvert, déterminé et fiable.
Ses trois défauts : râleur, tête en l'air et têtu.
Activités pratiquées : le rugby.

1. What is Margot's project?
2. How many classmates does she have?
3. On what days can you see the programme?
4. Fill in the following table for each of the eight students.

Role	Hobbies	Two Qualities	Two Faults	Sports played
Thia				
Margot				
Kevin				
Juliette				
Idir				
Vanessa				
Alexandre				
Emmanuel				

SECTION C: L'Ecoute

Exercice Un

Listen to the weather forecast and fill in the information.

Date of forecast

Weather forecast

Temperature in Paris

Temperature in Nice

Temperature in Bordeaux

J'écoute ! Je lis !

Exercice Deux

 Listen to two conversations and answer the questions.

1. (a) What is Marie's telephone number?
   (b) What is the weather like in Ireland?
   (c) What is the weather like in Paris?

2. (a) What is Claude's telephone number?
   (b) Where is Marc inviting Claude to?
   (c) Why does Claude not want to go?
   (d) What does he plan on doing instead?

Exercice Trois

 The following is a recording of a weather forecast for major European cities.

1. What date is this forecast for?
2. Complete the grid.

European city	Weather forecast	Temperature range
		10–12
	cloudy	
Brussels		
		9–11
Athens		

30

Exercice Quatre

Listen to the forecast and tick whether the following statements are true or false.

TRUE FALSE

1. The forecast is for Tuesday 20 May. ☐ ☐
2. In Paris it will be cold and windy. ☐ ☐
3. The temperatures will be between 14 and 16 degrees. ☐ ☐
4. In Normandy, Brittany and the Loire Valley the weather will be overcast and it will rain. ☐ ☐
5. In the North of France the weather will be good. ☐ ☐
6. In Lille it will be foggy and cold. ☐ ☐
7. Near the Alps and the Jura it will be stormy. ☐ ☐
8. The temperatures will range between 17 and 20 degrees. ☐ ☐
9. In the South the weather will be quite nice. ☐ ☐
10. In Marseille and Lyon it will be hot and sunny. ☐ ☐

SECTION D: L'Ecrit

You are on holidays in the south of France with your family. Write a postcard home to your friend in Ireland. In it:
— say where you are on holidays
— for how long
— that you are enjoying yourself
— that the weather is warm and it is sunny
— mention something you are doing there
— ask what the weather is like in Ireland.

Chapitre 4 Le sport

SECTION A: Le Vocabulaire

This chapter deals with the topic of sport which often comes up in the Junior Certificate exam. You may have to write about what sports you like, read articles about famous sports people or listen to sport results in the tape section.

- le rugby
- la pêche
- la boxe
- la voile
- l'équitation (f)
- la natation
- le golf
- le basket
- le football
- le cyclisme/le vélo
- le patinage
- le tennis
- la planche à voile
- le ski
- l'athlétisme (m)

Des expressions importantes

Je suis sportif/sportive.	*I am sporty.*
jouer au sport	*to play sport*
Je joue au hockey.	*I play hockey.*
faire du sport	*to do sport*
Je fais de la natation.	*I swim.*
faire une promenade	*to go for a walk*
monter à cheval	*to ride a horse*
marquer un but	*to score a goal*
les sports d'hiver	*winter sports*
être membre d'une équipe	*to be a member of a team*
pratiquer un sport	*to play a sport*
un terrain de hockey	*a hockey pitch*
participer dans un tournoi	*to participate in a tournament*

For sports that you play, e.g. tennis and basketball, you use
- jouer à: *Je joue au tennis.* (à + le = au)

For individual sports that you do rather than play, e.g. swimming and horse-riding, you use
- faire de: *Je fais du vélo.* (de + le = du)

Des verbes importants

jouer	*to play*
faire	*to do*
gagner	*to win*
perdre	*to lose*
battre	*to beat*
s'entraîner	*to train*
nager	*to swim*
s'amuser	*to enjoy oneself*
courir	*to run*

J'écoute ! Je lis !

SECTION B: La Compréhension

Exercice Un

Look at the pictures and match them to the correct caption.

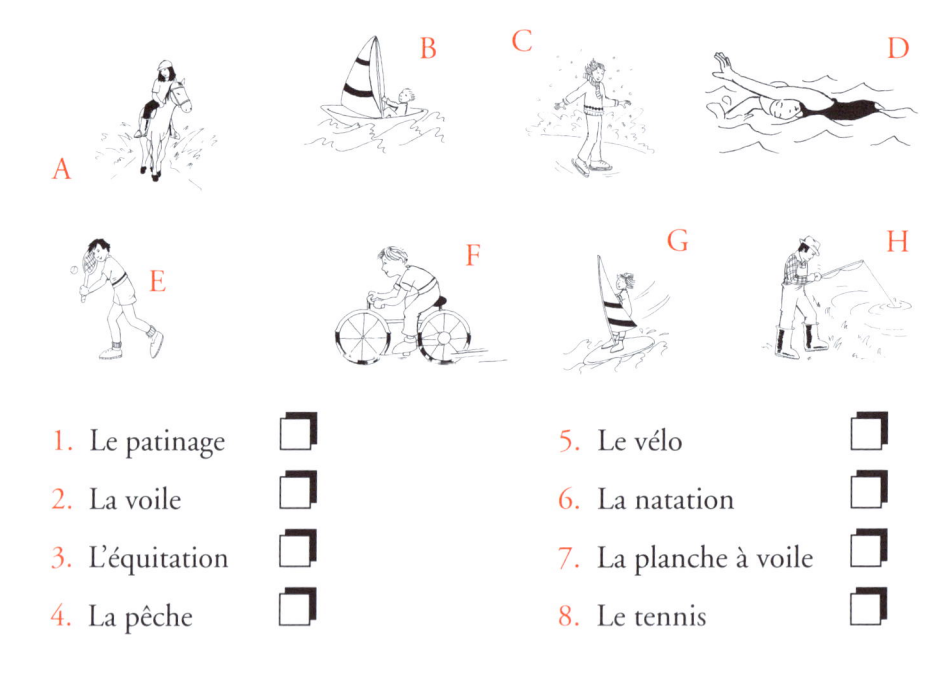

1. Le patinage ☐
2. La voile ☐
3. L'équitation ☐
4. La pêche ☐
5. Le vélo ☐
6. La natation ☐
7. La planche à voile ☐
8. Le tennis ☐

Exercice Deux

Say which one you would pick (and what the other words mean) if

1. you want to go swimming.
    (a) auberge de jeunesse
    (b) piscine municipale
    (c) gare SNCF
    (d) bibliothèque

2. you want to go horse-riding.
    (a) chaussures
    (b) objets trouvés
    (c) centre équestre
    (d) acceuil

34

3. you are looking for the stadium.
    (a) guichet
    (b) chariots
    (c) stade
    (d) charcuterie

Exercice Trois

Dîner dans les rues du village
A l'occasion des festivités de la Saint-Jean, le samedi 24 juin, l'office du tourisme invite les habitants du village qui souhaitent dîner dans les rues, à réserver les tables et les chaises au numéro de téléphone suivant: 04.93.12.34.50

Stages de foot en été
L'US Valbonne organise plusieurs stages d'été pour les jeunes, entre le 17 juillet et le 25 août. Renseignements au 04.93.12.14.27

Opéra d'enfants
L'Ecole municipale de musique présentera un Opéra d'enfants, le samedi 24 juin, à 20h30, salle des fêtes. Renseignements au 04.94.92.30.56

Championnat de France à Antibes
Le Spondyle Club d'Antibes a été choisi pour organiser le championnat de France de natation au Centre Nautique d'Antibes. Les meilleurs spécialistes nationaux seront au rendez-vous. Renseignements 04.92.97.05.07. Entrée libre pour le public.

Stages AHPSA
L'association AHPSA organise des stages d'été pour les jeunes (dessin-peinture, théâtre, BD, etc). Renseignements au 04.92.96.04.91

Achetez malin
Les férus de VTT désirant acquérir un très bon vélo sans vouloir forcément dépenser beaucoup peuvent toujours s'adresser auprès d'un loueur de cycles. Ces commerçants renouvellent leur parc parfois tous les six mois et l'on peut tomber sur des vélos 30 % moins chers et en très bon état.
M. Roger Dupéché
Rochefort 17
Tél. 04.92.92.65.63

Gala de gymnastique
Le Club omnisports présentera un gala de gymnastique rythmique le vendredi 23 juin, à 19 heures, au gymnase des Bouillides. Renseignements au 04.92.94.33.43

According to the articles above, what number would you ring if you

1. liked swimming?
2. liked cycling?
3. liked gymnastics?
4. liked football?
5. liked art?

J'écoute ! Je lis !

Exercice Quatre

Read the following newspaper article and then fill in the blanks in the exercise below.

TRIATHLON INTERNATIONAL
LE 18 JUIN À NICE

154 kilomètres à parcourir, c'est le menu choisi pour cette 19ème édition du championnat du monde longue distance. Dans le détail, les triathlètes venus des quatre coins de la planète, s'élanceront d'abord dans la Grande Bleue pour 4 km de natation avant de clipper leurs pédales pour 120 km dans l'arrière pays niçois et en finir avec 30 km de course sur la Promenade des Anglais.

L'an dernier, ils et elles étaient 1.700 à espérer succéder au mythique Mark Allen (10 fois vainqueur à Nice) ou plus humblement à vouloir terminer l'épreuve.

Même les plus jeunes s'essayent, depuis la précédente édition du Triathlon de l'Avenir, à suivre les traces de leurs illustres aînés. Une épreuve réservée aux jeunes pousses du triathlon (de neuf à quatorze ans, licenciés ou non), qui suscite un grand engouement auprès du public et placée sous le contrôle des responsables du club niçois.

The triathlon will take place on the 18th of _____ in _____. It will be the 19th _____ championship. The competitors have to _____ 4 kilometres. They will then cycle _____ kilometres and _____ 30 kilometres. _____ year there were 1,700 competitors. There is even a Junior competition for those aged between _____ and _____.

Exercice Cinq

Read the following article and answer the questions.

"Je Suis Très Sportive"
(Béatrice)

Mon problème principal, c'est que je suis très sportive. Je fais de la planche à voile ainsi que de la plongée. J'ai la peau assez claire et si je ne me protège pas, je prends des coups de soleil, surtout qu'avec le vent ou dans l'eau, je ne sens pas ma peau chauffer. J'ai essayé des dizaines de crèmes solaires, mais la plupart ont un gros défaut: elles sont grasses et il est totalement impossible de les utiliser en faisant du sport, car cela glisse ou, pire, le caoutchouc du masque de plongée ne tient plus sur le visage.

La solution pour Béatrice

Il faut que Béatrice utilise des produits en gel car ils n'empêchent pas la pratique d'un sport. Jusqu'à présent, ils avaient de faibles indices de protection mais, aujourd'hui, les fabricants ont réussi à stabiliser des filtres puissants dans les gels. Mais, comme les autres produits solaires, il faut aussi penser à les réappliquer toutes les deux heures.

1. Name two sports that Béatrice does.
2. Give one reason why she cannot feel when she is getting sunburnt.
3. Why does she find that sun creams do not work?
4. What type of product is she advised to try?
5. How often should she apply it?

Exercice Six

Read the following article and answer the questions.

LA VIE DES CLUBS À MOUGINS

UN ÉTÉ À LA CARTE

Une rampe pour les branchés roller

Cet été à Mougins, les possibilités d'initiation, de découverte, de perfectionnement et de divertissement sportif sont aussi nombreux que variés. Pour les plus petits (entre 6 et 9 ans), deux stages de roller (du 10 au 13 juillet) et de basket (du 16 au 18 août) sont au programme sur le plateau du Font de l'Orme, encadrés par des moniteurs diplômés. En ce qui concerne la première option, les enfants doivent venir avec leur paire de rollers.

Les plus grands (de 9 à 17 ans) ont droit, quant à eux, à des orientations qui vont de la plongée en passant par le golf, le tir à l'arc, le badminton et l'athlétisme.

Ceux qui vont opter pour le drive et le put, direction le 9 trous de Saint-Donat (du 7 au 11 août).

Les amateurs de fonds sous-marins, qui devront avoir 14 ans révolus au début du stage, iront plonger tous les après-midis après avoir suivi un cours théorique le matin (du 3 au 7 juillet). A la fin de ce stage, les jeunes plongeurs pourront obtenir leur brevet élémentaire 1er degré.

Décollage réussi

Perche, sauts, javelot … autant de disciplines à découvrir dans la rubrique athlétisme par Christophe Benaiteau, l'ancien champion de France du 800 m.

Mais il y a aussi le sport à journée et à la carte où l'on retrouve le roller, le tir à l'arc, le mini-golf mais aussi le VTT, le tennis de table, l'aviron, le speed-ball, la course d'orientation …

Chaque jour, 2 à 3 activités sont proposées aux enfants (de 10 à 15 ans) avec une limitation à trois journées par semaine.

Du spectacle sur toutes les zones

Enfin, il y a les stages en hébergement et notamment celui qui se déroulera au pied du Mont Viso, dans les Hautes-Alpes du 21 au 26 août, réservé aux 10–16 ans. Au programme : journée rafting, demi-journée pêche, initiation à l'escalade, visites de Saint-Véran – le village le plus haut d'Europe (2 040 m) – et d'une ferme pédagogique.

Renseignements au service des Sports :

tél. 04.92.92.59.40
fax: 04.92.92.59.49

1. When are these sports on offer?
2. What two courses are available for 6- to 9-year-olds?
3. Name four sports that are on offer for 9- to 17-year-olds.
4. Which course requires that you are at least fourteen to take part?
5. Who is Christophe Benaiteau?
6. Where is a residential course taking place?
7. What is Saint-Véran?

SECTION C: L'Ecoute

Exercice Un

Listen to the recordings and fill in the missing words.

1. Bonjour, je m'appelle Paul et j'ai _____ ans. J'adore le sport. Je joue au _____ , au tennis et au _____ . Je suis membre de l'équipe de rugby à l'école et nous nous entraînons _____ fois par semaine.

2. Salut, moi, je _____ Christine et je _____ très sportive. J'adore surtout les _____ nautiques comme la voile et la _____ . J'habite _____ de la _____ , alors je peux faire de la voile tous les weekends. En été quand il fait _____ , je descends à la _____ et je nage dans la mer.

3. Moi, c'est Nicolas. J'adore les sports d'hiver comme le _____ et le patinage. J'ai commencé le patinage à l'âge de _____ ans et je m'entraîne à la patinoire tous les _____ et _____ après l'école.

4. Salut! Je m'appelle Marie et je suis assez _____. Je joue au _____ à l'école et je fais de l'_____. Je n'ai pas mon propre cheval _____ je prends des leçons tous les _____ _____ et en été je fais des promenades à cheval en _____ avec mon _____ .

J'écoute ! Je lis !

Exercice Deux

Listen to three interviews and answer the questions which follow.

1. (a) What sport does this man play?
   (b) On what days does he train?
   (c) When do matches take place?
   (d) Give one reason why he thinks that sport is important.
   (e) What does he do on Friday evenings?

2. (a) Why does this girl not have time to play sport?
   (b) What does she like to do in her free time?
   (c) When does she have P.E. class?
   (d) Why does she sometimes dislike this class?

3. (a) Name three sports that this boy enjoys.
   (b) When does he have basketball training?
   (c) What does he do when he is on holidays?
   (d) Where does he live?
   (e) How much does it cost to go to the pool?

Exercice Trois

An interview with Natalie Martin, European swimming champion.

	TRUE	FALSE
1. Natalie won two gold medals and one silver medal.	❐	❐
2. She has three sisters and one brother.	❐	❐
3. She likes living in Paris because she is near her boyfriend and close to airports.	❐	❐
4. Her father first taught her to swim.	❐	❐
5. She started swimming competitively when she was twelve.	❐	❐
6. She won a swimming scholarship to the United States.	❐	❐
7. On an average day she spends at least four hours in the pool.	❐	❐
8. In the evening she likes to read and go out with friends.	❐	❐
9. She doesn't have to work at the moment because she has sponsors.	❐	❐
10. She was pleased with her performance at the last Olympic games.	❐	❐

SECTION D: L'Ecrit

You are on holidays by the sea with your parents. Write a postcard in French to a French friend. In it talk about
- where you are
- something you do there
- what the weather is like
- someone you met.

(J.C.O.L. 2003)

Chapitre 5 — Je t'invite

SECTION A: Le Vocabulaire

Chapter Five is about invitations. You will read notes and hear conversations in which people will be inviting their friends to go places and do various things with them. Remember to revise the months in Chapter One and the time in Chapter Two.

Les jours de la semaine

lundi	*Monday*
mardi	*Tuesday*
mercredi	*Wednesday*
jeudi	*Thursday*
vendredi	*Friday*
samedi	*Saturday*
dimanche	*Sunday*

Les saisons

l'hiver (m)	*winter*
le printemps	*spring*
l'été (m)	*summer*
l'automne (m)	*autumn*

Les mots importants

une année	*a year*
un mois	*a month*
une siècle	*a century*
le matin	*morning*
l'après-midi (m)	*afternoon*
le soir	*evening*
la nuit	*night*
aujourd'hui	*today*
demain	*tomorrow*
hier	*yesterday*
midi	*midday*
minuit	*midnight*

une heure	*an hour*
la journée	*the whole day*
l'année dernière	*last year*
l'année prochaine	*next year*
chaque année	*every year*
trois fois par semaine	*three times a week*
une quinzaine	*a fortnight*
de temps en temps	*from time to time*
le lendemain	*the next day*
le weekend	*the weekend*
un jour de congé	*a day off*

Les expressions importantes

Je t'invite de …	*I am inviting you to …*
venir chez moi	*to come to my house*
aller au cinéma	*to go to the cinema*
sortir à une discothèque	*to go out to a disco*
visiter des amis	*to visit friends*
faire des courses en ville	*to go shopping in town*
faire une promenade à la campagne	*to go for a walk in the countryside*
partir en vacances	*to go on holidays*
On se rencontre où ?	*Where will we meet?*
chez moi	*at my house*
devant la piscine	*in front of the pool*
à côté de la mairie	*beside the town hall*
en face de l'église	*opposite the church*

SECTION B: La Compréhension

Exercice Un

Chassez l'intrus ! Remember to say why it is the odd one out.

1. (a) lundi
   (b) mars
   (c) jeudi
   (d) samedi

J'écoute ! Je lis !

2. (a) hiver
   (b) printemps
   (c) été
   (d) août

3. (a) jour
   (b) mois
   (c) semaine
   (d) lit

4. (a) hier
   (b) demain
   (c) jardin
   (d) aujourd'hui

5. (a) devant
   (b) derrière
   (c) une heure
   (d) en face de

Exercice Deux

Say which one you would pick (and what the other words mean) if

1. you are meeting your friend at the town hall.
   (a) bureau de change
   (b) hôtel de ville
   (c) salle d'attente
   (d) syndicat d'initiative

2. you are going to the beach.
   (a) la piscine
   (b) la plage
   (c) le stade
   (d) la boulangerie

3. you are meeting opposite the cinema.
   (a) dans le cinéma
   (b) en face du cinéma
   (c) à côté du cinéma
   (d) sur le cinéma

Exercice Trois

MOUGINS
SALLE GOURTELINE
CONCERT
Donné par l'Académie Lyrique de Copenhague
Dimanche 18 janvier à 20h30
Au programme : Mozart, Verdi, Puccini, Rossini, Bizet
Service Culturel de Mougins
Renseignements : 04.92.35.65.82
Entrée Libre

1. What day and date is the concert on?
2. How much does it cost to go to it?

Exercice Quatre

MUSÉE DE L'ENFANCE

Venez découvrir les Jouets du 19ème S. dans une soixantaine de vitrines
Meubles de poupées
Meubles de maîtrise
Miniatures, au Musée de l'Enfance.

Ouvert tous les jours
de 14h à 18h30
(Lundi sur rendez-vous)
Matins réservés aux groupes

2, rue Venizelos, 06400 CANNES

prolonge la Rue meynadier, vers la gare derrière la Rue d'Antibes
Adultes: 6€ Enfants: 3€ Etudiants: 4€
Tél/Fax: 04.93.68.29.28

1. What can you see at this museum?
2. What days is it open?
3. If you want to visit on Monday what must you do?
4. What time of day is reserved for groups?

Exercice Cinq

AQUATICA
FREJUS

Sur 8 hectares d'une végétation luxuriante, entre Cannes et St Tropez, Parc de Loisirs à thème aquatique (10.000 m^2 de plans d'eau) : Une nouveauté unique en France, un TOBOGGAN à vous couper le souffle 'LE TWIN-TWISTER' à découvrir absolument. LA PLUS GRANDE PISCINE À VAGUES D'EUROPE. Des toboggans pour petits et grands. Un nouvel espace aquatique pour les enfants dans un décor de jungle exotique. Une nouvelle Rivière à bouées. Mini-golf. Restaurant, aire de pique-nique.

Prix	Enfant de moins d'un mètre et accompagné de 2 entrées payantes	Enfant de plus d'un mètre (jusqu'à 11 ans révolus)	Adulte à partir de 12 ans
	GRATUIT	10€	15€

OUVERT TOUS LES JOURS
Du 3 JUIN à MI-SEPTEMBRE : de 10 h à 18 h – JUILLET et AOÛT : de 10 h à 19 h
ACTIVITÉS NOCTURNES : Restaurant provençal à thème : de 20 h à 24 h

RN 98 – FREJUS – Tél. 04.94.51.82.51

http://www.parc-aquatica.com * aquatica E.Mail: aquatica@wanadoo.fr

TRUE   FALSE

1. The water park is in St. Tropez.   ☐   ☐
2. It has the largest wave swimming pool in Europe.   ☐   ☐
3. It has a souvenir shop.   ☐   ☐
4. Children under two are free.   ☐   ☐
5. The park is open every day.   ☐   ☐

Exercice Six

LES SORTIES DVD EN OCTOBRE

BIG FISH
de Tim Burton
(Gaumont)

Apprenant qu'Edward, son père, est sur le point de mourir, Will décide de se rapprocher de lui pour enfin connaître cet homme qui a bercé son enfance avec des contes plus ou moins fantastiques dans lesquels il se mettait en scène aux côtés de personnages extravagants et extraordinaires. Adapté du roman de Daniel Wallace, *Big Fish, a Story of Mythic Proportions*, *Big Fish* est une fable fantasque, tout droit sortie de l'imaginaire du génial et poétique Tim Burton. Géants, sorcières et loups garous hantent ce conte sensible et émouvant, aux décors magnifiques et à la mise en scène exceptionnelle. Avec en suppléments : le commentaire audio du réalisateur, un quiz, le chemin du réalisateur, etc.

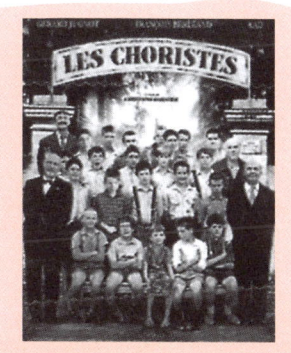

LES CHORISTES
Réalisé par Christophe Barratier, avec Gérard Jugnot, Francois Berléand, Jacques Perrin, Jean-Baptiste Maunier
En 1948, Clément Mathieu, professeur de musique sans emploi, intègre un internat de rééducation pour jeunes garçons où règne une discipline de fer. Touché par la cruauté du système répressif de ce pensionnat, Clément va, en initiant les élèves à la musique et au chant, tenter d'apporter un peu de douceur à leur quotidien. Après l'immense succès du film en salles (plus de 7,5 millions d'entrées) et de la musique to Brubo Coulais (500.000 albums vendus), le ventes de DVD devraient elles aussi battre des records.

J'écoute ! Je lis !

SHREK 2

Il est tout vert, et on l'adore ! Trois ans après ses premières aventures, votre monstre préféré est de retour, et le nouveau challenge qui l'attend est de taille : il doit annoncer à ses beaux-parents que leur fille est devenue une ogresse ! Alain Chabat prête sa voix au héros de ce superbe film d'animation qui laisse la part belle aux quiproquos. C'est franchement drôle !

SAINT ANGE

Angoisse garantie avec ce thriller fantastique réunissant Virginie Ledoyen (*8 Femmes*) et Lou Doillon (*Embrassez qui vous voudrez*). L'action se déroule au cœur d'un orphelinat isolé dans la montagne, qui ne compte plus qu'une pensionnaire... C'est le premier film de Pascal Augier, l'auteur du making-of du *Pacte des loups*.

1. In *Big Fish* why does Will try to get close to his father?
2. What type of stories did his father tell him?
3. In *Les Choristes* who is Clément Mathieu?
4. Describe the school in the film.
5. What must Shrek tell his parents-in-law?
6. In *Saint Ange* where is the orphanage situated?

5 • Je t'invite

SECTION C: L'Ecoute

Exercice Un

Listen to the recording and answer the following questions.

1. Why did it take Claire so long to write to Jeanne?
2. Where is she going on holidays?
3. How long is she going for?
4. What dates does she invite Jeanne for?
5. Name three things she says they will do on holidays.
6. Name one thing she says about Mark.

Exercice Deux

Listen to three invitations and answer the questions.

1. (a) Where is Philippe inviting Marc?
   (b) What are they going to do afterwards?
   (c) Why can Philippe not go?

2. (a) Who gave Stéphanie the concert tickets?
   (b) When is the concert?
   (c) Why was she given the tickets?
   (d) What time will Stéphanie pick Claire up at?

3. (a) What is Michelle's phone number?
   (b) What is happening on Saturday evening?
   (c) Why can Michelle not go?

Exercice Trois

Listen to three conversations.

1.   TRUE FALSE
Marianne is inviting Pierre to the cinema on Thursday.   ☐   ☐
They are going to see an adventure film.   ☐   ☐
The film is starting at eight o'clock.   ☐   ☐
They are going to meet in front of the cinema.   ☐   ☐

49

2.   **TRUE   FALSE**

Michelle is going to town to buy a new skirt.   ☐   ☐
Jeanne can't go with her because she plays basketball.   ☐   ☐
Normally she only trains on Monday and Friday.   ☐   ☐
They are playing in a final next Thursday.   ☐   ☐

3.   **TRUE   FALSE**

Paul is inviting David to go skiing with him this weekend.   ☐   ☐
The forecast for the weekend is good.   ☐   ☐
They are leaving at 19.00.   ☐   ☐
David will be at Paul's house at around 18.00.   ☐   ☐

SECTION D: L'Ecrit

You are staying with a French family. It is a lovely sunny day. You are on your own in the house when a friend rings to ask you to go cycling. Write a note in French and in it explain
- that you are going cycling
- with whom
- at what time you are going
- what the weather is like.

(J.C.O.L. 2001)

Chapitre 6 — La nourriture

SECTION A: Le Vocabulaire

It is important to be familiar with the vocabulary for food so that you can order a meal in France or tell a family you are staying with what you like to eat. In the listening comprehension section of the exam you will often hear people ordering meals in French.

La nourriture

le petit déjeuner	*breakfast*
le déjeuner	*lunch*
le dîner	*dinner*
le goûter	*snack*
la cuisine	*cooking*
la confiture	*jam*
le sel	*salt*
le poivre	*pepper*
le riz	*rice*
le pain	*bread*
le beurre	*butter*
le pain grillé	*toast*
le sucre	*sugar*
la tartine	*a slice of bread and butter*
un œuf	*an egg*

La viande

le bœuf	*beef*
le jambon	*ham*
le bifteck	*steak*
l'agneau (m)	*lamb*
le porc	*pork*
le poulet	*chicken*
la saucisse	*sausage*
le saucisson	*salami*

Les fruits

la pomme	*apple*
la fraise	*strawberry*

J'écoute ! Je lis !

un ananas	*pineapple*
une orange	*orange*
les raisins (m)	*grapes*
la framboise	*raspberry*
le pamplemousse	*grapefruit*
le melon	*melon*
un abricot	*apricot*
les cerises (f)	*cherries*
la pêche	*peach*
la banane	*banana*
le citron	*lemon*
la poire	*pear*

Les légumes

les pommes de terre (f)	*potatoes*
le chou	*cabbage*
le chou-fleur	*cauliflower*
un oignon	*onion*
les petits pois (m)	*peas*
le champignon	*mushroom*
les haricots (m)	*beans*
le concombre	*cucumber*
la carotte	*carrot*
l'ail (m)	*garlic*
un artichaut	*artichoke*

Les desserts

le yaourt	*yogurt*
le gâteau	*cake*
la glace	*ice cream*
le fromage	*cheese*

Les boissons

le thé	*tea*
le café	*coffee*
l'eau (f)	*water*
le lait	*milk*
la limonade	*lemonade*
le jus d'orange	*orange juice*
le vin	*wine*
la bière	*beer*

SECTION B: La Compréhension

Exercice Un

Rearrange the letters to find the foods.

1. UFOCLEHUR
2. NIOAELMD
3. RMAFOGE
4. NOMCPINHAG
5. SOIATCRH
6. EAFISR
7. CEBKFIT
8. SSAEICSU
9. SAISNRI
10. RNOTCI

Exercice Deux

Chassez l'intrus ! Remember to say why it is the odd one out.

1. (a) ananas
   (b) framboise
   (c) chou ☐
   (d) pomme

2. (a) concombre
   (b) oignon
   (c) confiture ☐
   (d) champignon

3. (a) déjeuner
   (b) dîner
   (c) aller ☐
   (d) goûter

J'écoute ! Je lis !

Exercice Trois

Recettes du mois

RATATOUILLE

LÉGUMES

Pour 4 personnes. Préparation: 25 mn. Cuisson: 1 h 05 mn.

- 1 aubergine
- 3 courgettes
- 1 oignon
- 1 poivron rouge
- 1 poivron jaune
- 4 tomates
- 3 gousses d'ail
- 5 c. à soupe d'huile d'olive
- 2 branches de thym
- 2 branches de romarin
- 1 feuille de laurier
- 1 c. à café de concentré de tomates
- cayenne
- 1 c. à soupe de persil
- sel et poivre

■ Laver l'aubergine et les courgettes, puis les couper en dés. Couper les queues des poivrons. Retirer les graines et les cloisons. Les détailler ensuite en anneaux. Éplucher et émincer l'oignon. Laver les tomates et les couper en dés.

■ Faire revenir les oignons et les aubergines dans l'huile d'olive pendant 10 mn. Ajouter les courgettes. Laisser cuire 5 mn, puis retirer le tout du récipient, les remplacer par le poivron, puis 1 gousse d'ail. Cuire 5 mn en mélangeant souvent afin d'éviter de faire roussir l'ail.

■ Reverser dans la cocotte oignons, aubergines, courgettes, et tous les autres ingrédients, y compris les gousses d'ail restantes non pelées. Incorporer le concentré de tomates délayé dans un peu d'eau. Saler, poivrer et ajouter le piment de Cayenne. Laisser cuire sur feu doux pendant 45 mn environ.

■ Verser le tout dans un plat de service ou servir directement dans le plat de cuisson en parsemant de persil.

Vins conseillés
Un tavel ou un côtes-de-provence.

1. Look at the three lists below. Which item from each list is mentioned in the recipe? Write a, b, c or d, as appropriate, in each box.

   (a) parsley
   (b) mayonnaise
   (c) oregano   ☐
   (d) vinegar

   (a) peas
   (b) cabbage
   (c) garlic   ☐
   (d) carrots

6 • La nourriture

    (a) eggs
    (b) raisins
    (c) onion
    (d) lemon

2. What should you do to the aubergine, courgettes and tomatoes?
3. At what heat should this dish be cooked?

OMELETTE AUX CERISES

DESSERT

Pour 4 personnes. Préparation: 25 mn. Cuisson: 5 à 8 mn.

- 4 œufs
- 150 g de cerises (montmorency ou bigarreau)
- 25 g de beurre à température ambiante
- 1 c. à soupe de sucre semoule
- 3 c. à soupe de gelée de cerises ou, éventuellement, de confiture
- sucre glace
- 5 c. à soupe de kirsch

■ Casser les œufs en séparant les blancs des jaunes. Monter les blancs en neige ferme et incorporer 4 c. à soupe de sucre glace. Continuer à fouetter jusqu'à obtention d'une meringue.
■ Battre les jaunes avec le sucre semoule jusqu'à ce que le mélange blanchisse. Ajouter cette préparation aux blancs en neige. Laver et dénoyauter les cerises.
■ Faire fondre le beurre dans une poêle sans le laisser colorer. Lorsqu'il est bien chaud, verser le mélange aux œufs et laisser prendre quelques minutes (les bords doivent être légèrement gonflés). Faire chauffer la gelée ou la confiture avec 1 c. à soupe de kirsch dans une casserole. Verser cette préparation sur l'omelette.
■ Replier l'omelette et répartir les cerises sur le dessus. Laisser cuire sur feu doux pendant 2 mn. Saupoudrer de sucre glace et flamber avec le kirsch restant. Disposer l'omelette aux cerises dans un plat de service et servir sans attendre.

Notre astuce

Vous pouvez aussi réaliser ce type d'omelette avec une pomme émincée poêlée au beurre. Sucrer et flamber avec du calvados, puis ajouter 2 c. à soupe de crème fraîche. Disposer la garniture sur la crêpe, la replier et la flamber au calvados.

---

1. Look at the three lists below. Which item from each list is mentioned in the recipe? Write a, b, c or d, as appropriate, in the box.

    (a) pineapple
    (b) lemon
    (c) cherries
    (d) blackberries

(a) milk
(b) cream
(c) butter
(d) flour

(a) jam
(b) tomatoes
(c) onions
(d) ham

2. What you are told to do first?
3. When should you put the egg mixture into the pan?

Exercice Quatre

TARTINES

LE COUPE-FAIM DU COIFFEUR
C'est devenu un rituel, lorsqu'elles vont chez leur coiffeur, les clientes dégustent sur place une salade ou un sandwich. Au Salon Claude Maxime Mondial (27, av. George-V. 75008 Paris. Tél : 01.53.23.03.05), Marcel, le préposé à la restauration, sans doute titillé par l'arrivée d'Hédiard, de l'autre côté de la rue, vient d'ajouter à sa carte deux nouvelles spécialités. La tartine Champs-Elysées (6€), tomates, jambon de pays, mozzarella, basilic, origan … sur pain Poilane, et la tartine Rivoli, avec, cette fois, chèvre chaud, gruyère, blanc de poulet, herbes de Provence. Tartines qu'on pourra arroser d'un verre de vin 4€.

1. When are a salad or a sandwich being offered?
2. Name three things in the Champs-Elysées sandwich.
3. Name two things in the Rivoli sandwich.
4. What costs €4?

Exercice Cinq

C'est un magasin de produits fermiers.

Les Producteurs de la région vous proposent

- Volailles de Bresse • Charcuterie
- Bœuf, veau de lait et agneau • Foie gras
- Fruits et légumes • Fromages de vaches et de chèvres
- Pain, confiture, miel • Escargots et vins.

Lundi au samedi à Replonges – (5 km de Mâcon)

Vous serez servis directement par les agriculteurs

Aux Saveurs Fermières

2, route de Bourg – 01750 REPLONGES
Tél. 03.85.31.11.65

1. Tick which of the following foods are mentioned in this advert.
   - (a) pork meats ☐
   - (b) mushrooms ☐
   - (c) salmon ☐
   - (d) goats cheese ☐
   - (e) lamb ☐
   - (f) butter ☐
   - (g) vegetables ☐
   - (h) snails ☐
   - (i) potatoes ☐
   - (j) honey ☐

2. Who runs this shop?
3. When is it open?

Exercice Six

Tartine
SNACK A EMPORTER – OUVERT TOUS LES JOURS

SANDWICHS CHAUDS – 4€

PARISIEN – Sauce au choix, tomates, steak, oignons
COCORICO – Sauce au choix, poulet rôti, fromage
LE PÊCHEUR – Tomates, thon, fromage
ANTIBOIS – Tomates, mozzarella, jambon, huile d'olive
3 FROMAGES – Gruyère, mozzarella, chèvre, huile d'olive

Supplément frites 1€

SANDWICHS FROIDS – 3€

CLUB JAMBON – Salade, tomate, fromage, jambon
CLUB POULET – Salade, tomate, poulet, mayonnaise
CLUB COMPLET – Salade, tomate, poivrons, thon
SAUMON – Salade, saumon, citron, mayonnaise
VÉGÉTARIEN – Salade, tomate, œuf, oignons

SALADES – 3,50€

PÊCHEUR – Salade, tomates, maïs, crevettes, œuf
POULET – Salade, tomates, fromage, poulet
NIÇOISE – Salade, tomates, thon, oignons, poivrons, œuf
JAMBON GRUYÈRE – Salade, tomates, maïs, jambon, gruyère
MOZZA – Salade, tomates, mozzarella

19, rue Aubernon – 06600 ANTIBES –
Tél: 04.93.34.43.44

1. When is Tartine open?
2. What type of sandwich costs €4?
3. Describe a 'Cocorico' sandwich.
4. Describe an 'Antibois' sandwich.
5. What can you get for an extra euro?
6. Describe a 'Saumon' sandwich.
7. Describe a 'Pêcheur' salad.
8. Why do you think this salad is called 'Pêcheur'?
9. Describe a 'Niçoise' salad.

6 • La nourriture

Exercice Sept

Read the following article and then fill in the blanks in the paragraph below.

MIEUX VAUT PRENDRE DES GANTS

Les enfants sont attablés autour de la table de cuisine, prêts à dévorer leur goûter. Mais catastrophe, impossible d'ouvrir ce fichu pot de confiture. Pour y parvenir, il suffit d'enfiler une paire de gants de vaisselle secs et de tourner. Les gants agrippent et aident à ouvrir instantanément. Vous êtes sauvé.

Mme Nathalie Plétant
Thônes 74

The _____ are seated around the _____ table, ready to devour their _____. But disaster strikes: it is impossible to open the _____. In order to succeed, all you need to do is put on a pair of dry _____ and turn.

SECTION C: L'Ecoute

Exercice Un

Four people describe their favourite meal. Fill in the information below.

1. Starts with: _____
   Followed by: _____
   Drinks: _____

2. Starter: _____
   Main course: _____
   Dessert: _____

3. Starter:

   Main course:

   Dessert:

4. Starter:

   Main course:

   Dessert:

Exercice Deux

Listen to the interview and answer the following questions.

1. Why is Sophie in Ireland?
2. What does she say about young Irish people?
3. What does she say about weather in Ireland?
4. What does she think about Irish food?
5. What does she normally have for lunch?
6. Why does she not have a hot meal at lunchtime?
7. What does she normally have as a main course in the evening?
8. What does she have for dessert?
9. At what time is the evening meal in France?
10. What might they have as a starter?
11. What might they have as a main course?
12. What do they drink?
13. Describe what she has for breakfast in Ireland.
14. Describe what she has for breakfast in France.

Exercice Trois

Listen to the recording and fill in the following grid.

	Starter	Main Course	Dessert
Mon			
Tues			
Wed			
Thurs			
Fri			

SECTION D: L'Ecrit

Your French pen pal is coming to stay with you this summer. Write a letter to him/her describing what food is like in Ireland. Tell him/her what you normally eat for breakfast and for dinner. Mention one or two things that you hope to do when he/she visits.

Chapitre 7 — Mon temps libre

SECTION A: Le Vocabulaire

In this chapter you will learn how to say what you do in your free time and understand what other people's pastimes are.

Des expressions utiles

Tu as du temps libre ?

dans mon temps libre	*in my free time*
Je suis libre le weekend.	*I am free at the weekend.*
Je n'ai pas beaucoup de temps libre.	*I don't have much free time.*

Qu'est-ce que tu fais pendant ton temps libre ?

Je joue au sport.	*I play sport.*
Je joue au foot	*I play football*
au hockey	*hockey*
au rugby	*rugby*
au basket.	*basketball.*
Je fais du vélo	*I cycle.*
de la natation	*I swim.*
de la voile	*I sail.*
de l'équitation.	*I go horse-riding.*
Je fais mes devoirs.	*I do my homework.*
Je joue de la guitare	*I play the guitar*
de la flûte	*the flute*
de la batterie	*the drums*
du violon	*the violin*
du piano.	*the piano.*
J'écoute de la musique.	*I listen to music.*
Je fais du jardinage.	*I do the gardening.*
Je sors avec mes amis.	*I go out with my friends.*
Je vais à une boum	*I go to a party*
à la discothèque	*to the disco*
au cinéma.	*to the cinema.*

Je retrouve mes amis.	*I meet up with my friends.*
J'aide mes parents.	*I help my parents.*
J'ai un petit boulot.	*I have a part-time job.*
Je collectionne des timbres.	*I collect stamps.*
Je joue des jeux électroniques avec mes amis.	*I play computer games with my friends.*

Quel est ton passe-temps préféré ?

J'aime écouter la radio.	*I like to listen to the radio.*
J'aime la danse et le chant.	*I like dancing and singing.*
J'aime regarder la télévision.	*I like to watch television.*
J'aime faire des promenades.	*I like to go walking.*
J'adore les voyages.	*I love travelling.*
J'aime la lecture.	*I like reading.*
J'adore la natation.	*I love swimming.*
J'aime le bricolage.	*I like DIY.*
Mon passe-temps préféré est la cuisine.	*My favourite pastime is cooking.*
J'aime faire du lèche-vitrines.	*I like to window-shop.*
J'aime tricoter et coudre.	*I like to knit and sew.*
J'adore jouer aux échecs.	*I love playing chess.*
Je déteste les jeux de société.	*I hate board games.*

Des verbes utiles

From the expressions above you should be able to figure out what these verbs mean. To say you like to do something, just put 'j'aime' in front of any of these verbs.

aider	chanter	danser	jouer	nager
aller	collectionner	écouter	lire	regarder
bricoler	cuisiner	faire	me promener	sortir

SECTION B: La Compréhension

Exercice Un

Look at the pictures on the following page and write a sentence describing what is happening. Imagine you are the person in the picture. The first one has been done for you.

J'écoute ! Je lis !

1. Je vais à la discothèque.

Exercice Deux

Read the following ads for pen pals and then do the exercise.

J'ai quinze ans et je voudrais correspondre avec des garçons de 14 à 17 ans. J'adore la natation et le cinéma. Ecrivez-moi vite. – Marc Brigas

J'aimerais avoir des copains et copines qui m'écrivent de temps à autre. J'adore la musique, surtout la musique dance. Je joue de la guitare et du piano. Je répondrai à tous. – Martine Baudry

J'aime les animaux, surtout les chevaux, et je collectionne les télécartes usagées. Alors, si tu as les mêmes goûts que moi, écris-moi.
– Alain David

J'ai treize ans et je suis passionnée par la lecture et les voyages. N'attendez pas une seconde de plus et écrivez-moi vite.
– Alice Mathieu

Write down the name of the person interested in
1. travelling
2. water sports
3. horses.

Que tous ceux qui aiment les sports nautiques (natation, voile, aviron) m'écrivent !
– Didier Moulins

64

Exercice Trois

Lisez et répondez.

Je m'appelle Valérie et j'ai seize ans. En ce moment je suis en vacances. J'ai deux mois de vacances donc j'ai beaucoup de temps libre. Je me repose et je fais la grasse matinée tous les matins. L'après-midi je sors avec mes amis. Nous allons en centre-ville et nous faisons des courses. Hier j'ai acheté une nouvelle jupe. Quand il fait beau nous allons à la plage et nous jouons au volley. Le soir je lis un roman ou j'écoute de la musique dans ma chambre.

Le mois prochain je vais aller chez mon oncle pour deux semaines. Il habite une ferme en Bretagne. Là je vais faire de l'équitation et me promener. Je vais aussi aider mon oncle avec les animaux. Je vais donner à manger aux poules et traire les vaches. Le soir je vais sortir avec mes cousins en boîte ou au cinéma.

1. What age is Valérie?
2. How long are her holidays?
3. What does she do every morning?
4. What did she buy yesterday?
5. Where does she play volleyball?
6. Name two things she does in the evening.
7. When is she going to visit her uncle?
8. Where does he live?
9. Name one thing she does to help him.
10. Where will she go in the evening with her cousins?

Exercice Quatre

Lisez et répondez.

1. What age is Isabelle?
2. How long has she been going out with David?
3. Describe Isabelle (3 points).
4. Name one sport that Isabelle likes.
5. Name two other pastimes that she has.
6. Describe Isabelle's personality.
7. What type of films does she like?

Je m'appelle David et j'ai dix-huit ans. Ma petite amie s'appelle Isabelle et elle a le même âge que moi. Nous sortons ensemble depuis huit mois. Elle est très grande et mince avec les cheveux longs bruns; elle est très mignonne. Elle aime faire des promenades avec son chien Brad et nager à la plage, mais à part ça Isabelle n'est pas très sportive. Elle est très artistique. Elle adore le dessin et la peinture et elle est très douée. Elle joue aussi de la guitare. Isabelle est très drôle et très bavarde et nous passons des heures au téléphone. Nous sommes dans des écoles différentes alors on ne se voit que le weekend. Samedi soir nous allons souvent au cinéma ou en boîte. Elle aime voir les films romantiques mais moi, je préfère les films d'aventure.

Exercice Cinq

Un lieu dédié à la glisse

Depuis son ouverture en avril, débutants et riders confirmés se donnent rendez-vous, rollers aux pieds, à VITRY-SUR-SEINE. Dans cet espace de 6.000 m² (le plus grand en Europe), décoré façon BD, les amateurs de tous âges (dès 5 ans) se côtoient dans une atmosphère bon enfant, sous l'œil vigilant de surveillants. Plusieurs niveaux de cours sont proposés et vous pouvez louer votre matériel (rollers, protections et casque) sur place. A noter pour les accros : les pistes d'initiation, de vitesse, de bosses, de hockey, rampes et aire de street sont ouvertes trois soirs par semaine jusqu'à minuit. **Rollerparc Avenue, 94400 Vitry-sur-Seine, tél. 01.47.18.19.19. Prix d'entrée : 8€ pour les plus de 10 ans, 5€ pour les moins de 10 ans.**

TRUE FALSE

1. The rollerblade rink opened in April. ☐ ☐
2. It is the biggest in Europe. ☐ ☐
3. Children of any age can take part. ☐ ☐
4. You can take rollerblading classes there. ☐ ☐
5. You can buy all the necessary equipment there. ☐ ☐
6. Beginners' tracks, speed tracks and ramp areas are open three mornings a week. ☐ ☐
7. It costs €5 for the over-tens. ☐ ☐

Exercice Six

toutes folles de ...   LA FETE

L'été approche, le flirt est de saison ... Plus qu'une envie : faire la fiesta ! Mode d'emploi pour délirer en toute tranquillité ...

■ **Où ?**
Chez vous : pour obtenir l'indispensable accord de vos parents, certifiez-leur que vos amis ne sont pas des crados (d'ailleurs, ils aideront à faire le ménage), et que vous ferez tous très attention. Proposez-leur d'enlever certains meubles pour minimiser les risques de dégâts et gagner de la place.

Dans une salle : en général, c'est très cher. Mais en vous y prenant à l'avance, votre mairie peut vous en prêter une, ou bien vous en dégoter une à un prix abordable. Renseignez-vous vite !

■ **Quelles précautions prendre ?**
Côté invit' : soyez strict sur le nombre et demandez confirmation un peu avant la fête pour ne pas être débordé.

Côté déco et matos : pensez pratique, pensez jetable. Vous trouverez de très jolies nappes en papier, des gobelets, etc., chez Bouchara et Eurodif, à petits prix !

Côté bruits : si c'est chez vous, surtout avertissez vos voisins la veille au minimum (en mettant un petit mot les priant de vous excuser pour le dérangement que votre fête risque d'occasionner). Le soir même, surveillez le volume de la sono, car, après un premier avertissement, la police peut vous coller une grosse amende pour tapage nocturne.

■ **L'indispensable ?**
Une musique top dansante ! Faites une liste des morceaux que vous comptez passer et prévoyez de faire tourner à heure fixe les D.J. pour éviter la casse et la cohue autour des disques. Dosez les genres en vous procurant des compil' efficaces : un peu de sixties, beaucoup de disco, plein de musique latine et une bonne dose de hits du moment ... Bonne fête !

1. If you are planning to have a party at home what should you do to minimise the risk of damage?
2. What is the problem with hiring a room?
3. Name one thing you should do when sending out invitations.
4. Name one thing you can buy in Bouchara and Eurodif.
5. What advice is given in relation to noise levels? (one point)
6. What advice is given in relation to the music played? (one point)

J'écoute ! Je lis !

SECTION C: L'Ecoute

Exercice Un

Listen to five people introducing themselves and fill in the information below.

1. Name: *Claude*

   Age:

   Colour of hair:

   Colour of eyes:

   No. of brothers and sisters:

   Favourite pastimes:

2. Name: *Christine*

   Nationality:

   No. of brothers and sisters:

   Age:

   Date of birth:

   Favourite pastimes:

3. Name: *Vincent*

   Age:

   Languages spoken:

   No. of brothers and sisters:

   Favourite TV programmes:

4. Name: *Martine*

   Nationality:

7 • Mon temps libre

Languages spoken: _____
No. of brothers and sisters: _____
Age: _____
Favourite pastimes: _____

5. Name: *Julie* _____
   Nationality: _____
   Languages spoken: _____
   Age: _____
   Birthday: _____
   No. of brothers and sisters: _____
   Favourite pastimes: _____

Exercice Deux

Ten people tell us what they did last Saturday. Fill in the information below.

1. _____
2. _____
3. _____
4. _____
5. _____
6. _____

J'écoute ! Je lis !

7. _____

8. _____

9. _____

10. _____

Exercice Trois

Listen to the tape and fill in the blanks.

Bonjour, je m'appelle Alice et je suis _____. J'habite à Quimper en _____ dans l'ouest de la France. J'ai _____ ans et mon anniversaire est le _____ septembre. Je suis assez _____ avec les cheveux longs et les _____ bruns. Je suis timide.

J'ai deux frères et je n'ai pas de _____. Je suis la _____ de la famille. Mon père Henri _____ comptable et ma mère est _____.

Je suis très _____. J'adore le basket et je _____ de la danse classique _____ fois par semaine, le lundi et le _____ à cinq _____. J'aime aussi la _____ et la musique. Mon groupe préféré est *Radiohead*. Je n'aime pas _____ et je déteste les _____.

SECTION D: L'Ecrit

Write a letter in French to your new French pen pal Sylvain/Sylvie. Include at least four of the following points:
- introduce yourself
- state your age
- say where you live
- say what your favourite subject is at school
- say that you do or do not like school
- give information about your family
- talk about your interests
- talk about something that you did at the weekend
- ask for a photo.

(J.C.O.L. 2001)

Chapitre 8 — Le travail

SECTION A: Le Vocabulaire

This chapter deals with people's jobs and the world of work. You will learn how to say what your father's/mother's occupation is and what you would like to work as. The chapter also covers the topic of pocket money and part-time jobs.

Je voudrais devenir . . .	*I would like to become . . .*
J'aimerais être . . .	*I would like to be . . .*
Qu'est-ce qu'il/elle fait, ton père/ta mère ?	*What does your father/mother do?*
Le métier de ma mère/mon père est . . .	*My mother's/father's occupation is . . .*

Les métiers

Mon père/frère est . . .

fonctionnaire	*a civil servant*
ingénieur	*an engineer*
architecte	*an architect*
boulanger	*a baker*
boucher	*a butcher*
coiffeur	*a hairdresser*
plombier	*a plumber*
mécanicien	*a mechanic*
menuisier	*a cabinetmaker*
agent de police/gendarme	*a policeman*
soldat	*a soldier*
fermier	*a farmer*
marin	*a sailor*
facteur	*a postman*
pharmacien	*a chemist*
gérant	*a manager*
commerçant	*a shopkeeper*

chauffeur d'autobus	*a bus driver*
homme d'affaires	*a business man*
ouvrier	*a factory worker*
pompier	*a fireman*

Ma mère/sœur est . . .

médecin	*a doctor*
dentiste	*a dentist*
hôtesse de l'air	*an air hostess*
journaliste	*a journalist*
vendeuse	*a sales assistant*
vétérinaire	*a vet*
secrétaire	*a secretary*
mannequin	*a model*
institutrice	*a primary school teacher*
professeur	*a secondary school teacher*
comptable	*an accountant*
infirmière	*a nurse*
avocat	*a lawyer*
femme d'affaires	*a business woman*
informaticienne	*a computer programmer*

Mon père est chômeur/au chômage.	*My father is unemployed.*
Ma mère travaille à la maison.	*My mother works in the home.*
Mon père est travailleur indépendant.	*My father is self-employed.*

Mon père/ma mère/mon frère/ma sœur/je travaille . . .

dans un magasin	*in a shop*
dans un bureau	*in an office*
dans une banque	*in a bank*
dans une usine	*in a factory*
dans un hôpital	*in a hospital*
dans une entreprise	*in a company*

L'argent de poche

J'ai un petit boulot.	*I have a part-time job.*
Je gagne huit euros par heure.	*I earn eight euro an hour.*
Je reçois vingt euros chaque semaine.	*I receive twenty euro a week.*

J'écoute ! Je lis !

Je fais du babysitting.	*I babysit.*
Je range ma chambre.	*I tidy my bedroom.*
Je range les rayons.	*I tidy the shelves.*
Je mets l'essence dans les voitures.	*I put petrol in the cars.*
Je sers les clients.	*I serve the clients.*
J'aide mes parents à la maison.	*I help my parents in the house.*
Je fais des économies.	*I am saving.*
Je dépense mon argent.	*I spend my money.*
J'achète des disques et des vêtements.	*I buy CDs and clothes.*
C'est bien/mal payé.	*It is well/badly paid.*
C'est intéressant/fatigant.	*It is interesting/tiring.*

SECTION B: La Compréhension

Exercice Un

1. You are in France looking for a place to park your car. Which one of these signs should you pay attention to?
   (a) Sens unique
   (b) Ne pas stationner ici
   (c) Location de vélos
   (d) Bricolage

2. You are looking for a hairdresser. Which sign would interest you?
   (a) Nettoyage à sec
   (b) Consigne
   (c) Coiffeur
   (d) Caisse

3. You are looking for a lift. Which sign would interest you?
   (a) Accueil
   (b) Pâtisserie
   (c) Ascenseur
   (d) Piétons

Exercice Deux

Can you find the French words for the following twelve occupations in the grid (horizontal, vertical, forwards and backwards)?

LAWYER	SAILOR	SHOPKEEPER
DENTIST	POSTMAN	PLUMBER
ACTOR	FIREMAN	SOLDIER
SALESWOMAN	MANAGER	POLICEMAN

R	E	I	B	M	O	L	P	A	T
T	A	D	L	O	S	R	B	G	N
E	V	E	N	D	E	U	S	E	A
A	O	N	I	D	R	E	S	R	C
V	D	T	R	E	U	T	P	A	R
O	L	I	A	B	O	C	N	N	E
C	H	S	M	E	U	A	M	T	M
A	C	T	E	U	R	F	L	P	M
T	R	E	I	P	M	O	P	G	O
G	E	N	D	A	R	M	E	B	C

Exercice Trois

Match up the descriptions to the jobs.

1. Je soigne les animaux malades.
2. Je donne des cours d'anglais et d'histoire.
3. Je fabrique des meubles.
4. Je vends des croissants.
5. Je travaille avec des ordinateurs.
6. J'aime les maths et les chiffres m'intéressent.
7. J'aime cuisiner et je porte un grand chapeau blanc.
8. Je travaille dans un hôpital.

☐ A. Comptable
☐ B. Infirmiere
☐ C. Professeur
☐ D. Chef
☐ E. Informaticien
☐ F. Vétérinaire
☐ G. Boulanger
☐ H. Menuisier

J'écoute ! Je lis !

Exercice Quatre

Manpower TT Menton recherche pour mission immédiate plusieurs électriciens. Expérience chantier éxigée. Tél 04.92.10.52.10.

Entreprise recherche plombier, sérieuses références exigées, connaissances chauffages individuel et collectif. Tél 04.93.54.55.77.

AB Intérim recherche jardinier, expérience souhaitée, quartier Saint-Roch. Tél 04.93.16.05.34.

URGENT, Cherche maîtres-nageurs piscines copropriétés Croix-Valmer. Salaires motivants. Saison du 20/06 au 31/08. Diplôme Beesan ou BNSSA. Tél 04.98.12.90.56.

Nice Ouest : cherche boulanger uniquement le lundi pour remplacement à l'année. Tél 04.93.83.20.56.

Recherche vendeuse(eur) mi-temps, expérience souhaitée, bonne présentation, jours de repos vendredi et dimanche. Tél 04. 93. 56. 23.11.

1. What number would you ring if you wanted to work
    (a) as a gardener?
    (b) as a life-guard?
    (c) as an electrician?
    (d) as a plumber?
    (e) on Mondays?

2. What job do you need to have a neat appearance for?

Exercice Cinq

JEUNE FEMME, permis de conduire, cherche à garder personnes âgées ou enfants, du lundi au dimanche. Je suis sociable, dynamique et sérieuse. Pas sérieux s'abstenir. Tél. 04.93.96.35.77 ou 06.11.60.40.10

COUPLE, 35 ans, trilingue (français, anglais, espagnol), sans enfant, sérieux, connaissance et expérience de la culture britannique et des pays du golfe, cherche gardiennage villa, secteur 06/83/20; lui : gardien, espaces verts, permis de conduire; elle : gardienne, ménage, repassage. Contact e.mail : anave@club-internet.fr

AVOCAT dominante Droit social avec expérience professionnelle recherche collaboration Cabinet d'Avocats. Tél. 06.61.89.83.64

Jeune femme cherche ménage, repassage, cuisine, garde d'enfants. Tél. 06.74.71.90.11

DAME sérieuse, garde dans cadre agréable, bébé ou enfant après école, mercredi et vacances, centre ville Nice, quartier Cimiez. Tél. 04.93.53.36.77

RETRAITE fonctionnaire sérieux, honnête, discret, non-fumeur, permis conduire, cherche gardiennage villa, propriété, contre logement disponible. 06.66.15.49.41

JEUNE HOMME sérieux cherche emploi de chauffeur livreur manutentionnaire, très bonnes connaissances Alpes-Maritimes. Tél. 06.15.63.37.87

JEUNE FEMME avec expérience dans la vente, étudie toutes propositions sur Nice, non-véhiculé. Tél. 04.93.51.17.50

JARDINIER de métier cherche emploi entretien propriétés, élagage, débroussaillement, réfection gazon, étudie toutes propositions. 06.15.50.36.78, 06.19.46.92.01

ETUDIANTE dynamique et motivée, cherche emploi pour l'été, disponible de suite. Pas sérieux s'abstenir. Tél. 06.63.72.95.79

1. Write down the telephone number of the person who
   (a) is available immediately
   (b) wants to work as a driver
   (c) is a non-smoker
   (d) has sales experience
   (e) will do your ironing
   (f) is a lawyer
   (g) will mind elderly people.

2. Describe the couple who want to be contacted by e-mail (3 points).

Exercice Six

GRÈVE EN ITALIE : POIDS LOURDS BLOQUÉS AU TUNNEL DE FRÉJUS
La circulation des poids lourds était impossible, hier, au tunnel de Fréjus, dans les deux sens, Italie-France et France-Italie, en raison d'un mouvement de grève des routiers italiens. Si la circulation des voitures n'a pas été perturbée, près d'un millier de camions était 'stockés' sur les parkings disponibles et sur l'autoroute. La grève italienne a debuté hier matin en Italie pour une durée de sept jours à l'appel des principaux syndicats de patrons routiers qui réclament une augmentation de salaire.

1. What nationality are the drivers that are on strike?
2. When did the strike start?
3. For how long will it last?
4. Why are the drivers on strike?

SECTION C: L'Ecoute

Exercice Un

Listen to five people talking about their jobs.

1. (a) What is Robert's profession?
   (b) Where does he work?
   (c) What time does he finish work?
   (d) What day does he not work?

J'écoute ! Je lis !

2. (a) What is Alice's profession?
   (b) Where does she work?
   (c) What are her working hours?
   (d) What does she not like about her job?

3. (a) What is Thomas's profession?
   (b) What are his working hours?
   (c) Why does he not like his job?

4. (a) What is Frédéric's profession?
   (b) Why does he like his job?
   (c) What is one disadvantage of his job?

5. (a) What is Anne's profession?
   (b) Why does she like her job?
   (c) What is one disadvantage of her job?

Exercice Deux

Listen to four people introducing themselves.

1. Name: *Paul*
   Age:
   No. of brothers and sisters:
   Father's profession:
   Mother's profession:
   Paul's future profession:

2. Name: *Odile*
   Age:

No. of brothers and sisters: _____

Father's profession: _____

Mother's profession: _____

Odile's future profession: _____

3. Name: *Guillaume* _____

    Birthday: _____

    No. of brothers and sisters: _____

    Father's profession: _____

    Mother's profession: _____

    Guillaume's future profession: _____

4. Name: *Agnès* _____

    Age: _____

    No. of brothers and sisters: _____

    Father's profession: _____

    Mother's profession: _____

    Agnès's future profession: _____

Exercice Trois

Four young people talk about their part-time jobs.

	TRUE	FALSE
1.		
Last summer Philippe worked in a bakery.	☐	☐
He earned €150 a week.	☐	☐
He spent the money on books and the cinema.	☐	☐

	TRUE	FALSE
2.		
Claire helps her mother at home.	☐	☐
She does the dishes and hoovers.	☐	☐
On Saturday she minds her little sister.	☐	☐
She gets €30 a week.	☐	☐

J'écoute ! Je lis !

3.	TRUE	FALSE
Catherine babysits for her neighbours.	☐	☐
She minds their two boys on Sundays.	☐	☐
She earns €10 an hour.	☐	☐
She saves half of her money.	☐	☐

4.	TRUE	FALSE
Eric works as a chef in a restaurant.	☐	☐
He starts work at six in the evening and finishes at midnight.	☐	☐
He likes his work.	☐	☐
He earns €50 a night.	☐	☐

SECTION D: L'Ecrit

Write a letter to your French pen pal. In this letter
- thank him/her for his/her kind invitation to France
- say that you won't be able to go because you have a part-time job
- say where you work and mention one task you have to do
- say how much you earn and what you spend the money on
- wish him/her an enjoyable holiday.

Chapitre 9 — Les vacances

SECTION A: Le Vocabulaire

If you go on holidays to France it is important to be able to ask for things such as a site for a tent or a bed in a youth hostel. This chapter will give you all the necessary phrases.

Des expressions importantes

les grandes vacances	*the summer holidays*
les vacances de Pâques	*the Easter holidays*
les vacances de Noël	*the Christmas holidays*
Les vacances commencent.	*The holidays start.*
Les vacances se terminent.	*The holidays end.*
Les vacances durent deux semaines.	*The holidays last two weeks.*
à la campagne	*in the country*
à l'étranger	*abroad*
au bord de la mer	*by the sea*
être en vacances	*to be on holidays*
un jour de congé	*a day off*
le terrain de camping	*the campsite*
le sac de couchage	*the sleeping bag*
la colonie de vacances	*the holiday camp*
une auberge de jeunesse	*a youth hostel*
faire du camping	*to go camping*
dresser une tente	*to erect a tent*
le bureau de tourisme	*the tourist office*
le syndicat d'initiative	*the information office*
Je vais/nous allons . . .	*I am/we are going . . .*
partir en vacances	*to go on holidays*
faire un séjour	*to stay somewhere*
nager dans la mer	*to swim in the sea*
faire un pique-nique	*to have a picnic*
sortir à la discothèque	*to go out to the disco*
faire un échange	*to do an exchange*
rester chez moi/nous	*to stay at home*

J'écoute ! Je lis !

pêcher dans la rivière	*to fish in the river*
faire la voile	*to go sailing*
me/nous bronzer à la plage	*to sunbathe at the beach*
faire une excursion	*to go on an outing*
visiter des monuments célèbres	*to visit famous monuments*
rendre visite à mon oncle/ma tante	*to visit my uncle/my aunt*

Nous allons prendre . . .	*We are going to take . . .*
le bateau	*the boat*
le car	*the coach*
le ferry	*the ferry*
le train	*the train*
l'avion	*the plane*

Des questions et des réponses

Vous avez de la place ?	*Have you got any room?*
Vous avez un emplacement pour une tente/une caravane ?	*Have you got a site for a tent/caravan?*
Nous avons une tente/une caravane/une voiture.	*We have a tent/a caravan/a car.*
C'est pour une nuit/deux nuits/une semaine.	*It's for one night/two nights/one week.*
Nous sommes quatre, deux adultes et deux enfants.	*There are four of us, two adults and two children.*
Il y a un magasin/une piscine dans le camping ?	*Is there a shop/a pool at the campsite?*

SECTION B: La Compréhension

Exercice Un

Put the words in the correct order and write out what each sentence means.

1. trois   adultes   enfant   un   nous   sommes   et   deux
2. nuits   c'est   quatre   pour
3. emplacement   tente   un   avez   une   vous   pour
4. le   allons   train   prendre   nous
5. visite   tante   ma   rendre   je   à   vais

6. monuments allons nous célèbres des visiter
7. le tourisme est de bureau où
8. commencent juillet grandes premier le vacances les
9. durent semaines de les Noël vacances deux
10. chez rester je moi vais

Exercice Deux

Tick the correct box.

1. En Irlande les élèves au lycée ont
    (a) deux mois de vacances. ❑
    (b) trois mois de vacances. ❑
    (c) trois semaines de vacances. ❑

2. Pendant les vacances de Pâques nous mangeons
    (a) beaucoup de bonbons. ❑
    (b) beaucoup de chocolat. ❑
    (c) beaucoup de frites. ❑

3. En juin je dois
    (a) passer des examens. ❑
    (b) visiter mes cousins. ❑
    (c) aller à Dublin. ❑

4. Au mois de février beaucoup de jeunes français
    (a) vont à la plage. ❑
    (b) font du ski. ❑
    (c) jouent de la guitare. ❑

5. A Noël je
    (a) reçois des cadeaux. ❑
    (b) vais à la bibliothèque. ❑
    (c) joue au tennis. ❑

6. D'habitude en été
    (a) il fait très froid. ❑
    (b) il neige. ❑
    (c) il fait beau. ❑

J'écoute ! Je lis !

7. Pendant les grandes vacances
    (a) je vais à la plage. ❏
    (b) j'étudie la chimie. ❏
    (c) je range ma chambre. ❏

8. Le weekend j'aime bien
    (a) boire du lait. ❏
    (b) sortir avec mes amis. ❏
    (c) tondre la pelouse. ❏

Exercice Trois

LA FÊTE DU CINÉMA CÉLÈBRE SON 20ᵉ ANNIVERSAIRE !

Notez bien les dates de cet événement : dimanche 27, lundi 28 et mardi 29 juin. Le principe de la Fête du cinéma est toujours le même : vous achetez un billet à plein tarif, et on vous remet un passeport qui vous permet de voir tous les films que vous voulez pour 1,50 € ! Pour célébrer ce vingtième anniversaire, une bande-annonce intitulée 'Happy Birthday' a été réalisée, et c'est le plus beau casting jamais réuni ! De Jamel Debbouze à Benoît Poelvoorde, en passant par Michaël Youn, Tom Cruise ou encore la divine Monica Bellucci, ils sont trente à souhaiter un joyeux anniversaire à la Fête du cinéma . . .

1. When will this event take place?
2. What can you get for €1,50?
3. How many celebrities took part in the trailer?

Exercice Quatre

VACANCES A PETITS PRIX
Tarif 'Quinzaine futée' au village **L'Abeille en Corrèze**, avec petite piscine chauffée, espace forme, aire de jeux pour les enfants, plan d'eau à proximité . . . Du 15 au 29 juillet, location d'un bungalow pour 4–5 personnes, 800€ (au lieu de 960€), animations comprises. Possibilité d'abonnement repas à petit prix, avec réduction pour les enfants selon leur âge.
VAL, Les Vacances nature, tél. 04.73.43.00.43

	TRUE	FALSE
1. There is a small heated pool.	☐	☐
2. There is a play area for children.	☐	☐
3. From 15 to 29 June a bungalow costs €800.	☐	☐
4. All meals are included.	☐	☐

Exercice Cinq

1. Write down the number of the advertisement which would interest you if you wanted
   (a) to visit a church
   (b) to go horse-riding
   (c) to look at furniture.

2. On what days in March and April is the Château des Allymes open?

1

Etonnez-vous en Pays de NANTUA

Entrez dans les secrets de l'histoire :
Musée de la Résistance, Musée du Peigne, abbatiale Saint-Michel, Vieux Nantua, …

Renouez avec des talents oubliés :
Tourneurs sur bois, fabrication de Comté, dégustation des quenelles de brochet et sa sauce Nantua, des vins de Cerdon, des galettes cuites dans les anciens fours …

Plongez dans une nature contrastée :
Promenades sur le lac, élevage de cerfs et de biches, découverte des orchidées et autres fleurs, rivières et étangs, … été comme hiver, un enchantement permanent …

Savourez des plaisirs insoupçonnés :
Voile, parapente, randonnées, raquettes, ski de fond, équitation, pêche, festival de musique, été Catholard, marché de l'art …

Office de Tourisme du Pays de NANTUA – Haut-Bugey
Place de la Déportation – 01130 NANTUA
Tél. 04.74.75.00.05 – Fax 04.74.75.06.83

2

LE CHÂTEAU DES ALLYMES

Le château des Allymes est une forteresse militaire qui date du XIVe siècle. C'est une vaste citadelle, fermée par une enceinte qui abrite entre ses murs un bourg. Il se compose d'un donjon et d'une tour circulaire, réunis par quatre courtines.

LE CHÂTEAU DES ALLYMES EST OUVERT :

Décembre, Janvier, Février : Tous les samedi et dimanche de 14h à 17h.
Mars, Avril : Tous les jours sauf mardi de 14h à 18h.
Mai : de 10h à 12h et de 14h à 18h.
Juin, Juillet, Août, Septembre : de 10h à 12h et de 14h à 19h.
Octobre, Novembre : de 14h à 18h.

CHÂTEAU DES ALLYMES – Les Allymes
01500 Ambérieu en Bugey – **Tél. 04.74.38.06.07**

3

FERME-MUSÉE DE LA FORÊT
SAINT TRIVIER DE COURTES

Sur la D975 entre Bourg en Bresse et Tournus

Au cœur de la Bresse magnifique
FERME BRESSANE du XVIIe siècle
avec **CHEMINÉE SARRASINE**
son cadre, son architecture
et sa collection d'outils.

Visites de 10h à 12h et de 14h à 19h
– tous les jours du 1er juillet au 30 septembre
– tous les week-ends du 1er avril au 31 octobre

OUVERT TOUTE L'ANNÉE POUR LES GROUPES SUR RÉSERVATION

OFFICE DE TOURISME DES PAYS DE BRESSE
01560 Saint Trivier de Courtes
Tél. 04.74.30.71.89 et **04.74.30.70.77**
Fax : 04.74.30.76.79

9 • Les vacances

4

MAISON DE PAYS EN BRESSE
RN 83
01370 Saint-Etienne-du-Bois

Vous verrez : la cheminée sarrasine, l'archebanc, l'habitat d'autrefois (1700–1900), les costumes, les métiers avec une riche collection d'outils, les véhicules hippomobiles, la salle de classe 1900, l'étable, le four à pain, le poulailler.

Les Ebénistes Bressans exposent leurs meubles de style de grande renommée.

Point (i)

Ouverture de Pâques à la Toussaint, tous les jours sauf dimanche matin de 9h à 12h et de 14h30 à 18h30.
Pour les groupes annoncés et sur confirmation par fax ou courrier,
visite toute l'année.
Visite pour les scolaires toute l'année.
Entrée payante. Etudiants demi-tarif.
Gratuit pour les enfants.

Tél./Fax 04.74.30.52.54 ou **04.74.30.50.96** ou **04.74.30.58.67**

5

Office de Tourisme **'CHALARONNE CENTRE'**

Un Pied en Dombes, un Pied en Bresse.
Pavillon du Tourisme – Place du Champ de Foire
01400 CHATILLON SUR CHALARONNE
Tél: 04.74.55.02.27 Fax: 04.74.55.34.78

Quartier médiéval Châtillon/Chal

13 communes vous accueillent …

Découvrez les richesses de notre région (églises romanes, anciens remparts, gastronomie, artisanat d'art, sentiers de randonnées, la faune et la flore de la Dombes et de la Bresse, la pêche en rivières et en étangs …)

Visitez Châtillon sur Chalaronne, cité médiévale et fleurie, grand prix national de fleurissement 1997, l'église gothique Saint André (XIII–XVI), les quartiers médiévaux, la porte de Villars (XIV), les Halles (XV), les ponts et berges fleuris …
Visites de la ville pour les individuels les mardis de l'été sur réservation préalable.
Visites de la ville, accompagnements et guidages en Dombes et Bresse pour les groupes toute l'année sur réservation.

Eglise romane Relevant

Exercice Six

Loisirs intelligents

5 **STAGES** pour tous les goûts

Apprendre est une autre façon de se détendre en nourrissant sa curiosité naturelle. Petit tour d'horizon.

◎ Déco
Animé par Bénédicte Régimont, décoratrice d'intérieur dynamique, ce stage de 2 jours s'adresse aux passionnées de déco ainsi qu'à celles qui désirent personnaliser leur intérieur. Plans et photos sont bienvenus pour conseils personnalisés. **Quand** : les 23 et 24 octobre (10h à 17h30), 4 et 5 décembre. **Où** : Paris 1er. **Prix** : 225 € pour les 2 jours. **Contact** : 01.43.36.30.06 ou 06.60.75.95.21 www.felicie-le-dragon.com

◎ Bricolage
Pour devenir une bricoleuse hors pair, Castorama propose des Castostages animés par des professionnels dans un espace aménagé. 2 heures pour aborder efficacement les différentes étapes de la mise en oeuvre d'un projet (peinture, électricité, carrelage, etc.). **Quand** : tous le samedis de 9h30 à 11h30. **Où** : dans tous les Castorama (à l'exception du magasin de Sarreguemines). **Prix** : gratuit. **Contact** : inscription à l'accueil des magasins Planning disponible sur Internet également : www.castorama.fr

◎ Informatique
Plus de sueurs froides devant un logiciel ... avec l'achat d'un ordinateur sélectionné par Connexion, un forfait de formation (de 3 heures à 18 heures) est proposé jusqu'au 31 décembre 2004. Ces stages sont dispensés à domicile par des ingénieurs issus de grandes écoles, la moitié de leur coût est déductible des impôts.
Quand : à la carte. **Prix** : 148 € (3h), 378 € (12h), 558 € (18h). **Contact** : www.connexion.fr

◎ Oenologie
3 heures pour acquérir les bases permettant de parler du vin, d'identifier ses saveurs, ses odeurs et ses arômes. Ce stage animé par un professionnel du vin propose d'eduquer son odorat, de s'initier à la dégustation et aux secrets des accords mets/vins. **Quand** : le samedi de 9h30 à 12h30 ou de 14h30 à 17h30. **Où** : Paris le 13 novembre, Lyon et Toulouse le 20 novembre. **Prix** : 69 €.
Contact : 08.20.82.10.20 ou www.prodegustation.com

◎ Cuisine
Au BHV Rivoli, des animations permettent d'assister à des démonstrations de techniques culinaires ainsi qu'à la réalisation de recettes. On peut également suivre de véritables cours de cuisine, donnés par de jeunes chefs de l'école supérieure de cuisine française.
Quand : tous les jours de la semaine de 15h à 19h pour les animations et tous les samedis à 11h00; 12h30 et 14h pour les cours. **Prix** : gratuit.
Contact : 01.42.74.90.00

1. What website would you log on to if you were interested in a course in
   (a) wine tasting?
   (b) DIY?
   (c) computers?
2. What two courses are free?
3. Which course lasts two days?

Exercice Sept

L'ARDÈCHE
Mon guide est un âne !

Découvrir la montagne ardéchoise avec des ânes bâtés. Voilà une façon originale de passer des vacances en famille. Avec deux grandes oreilles, quatre pieds sûrs et un dos solide pour porter les bagages (jusqu'à 35 kg), votre compagnon de route fera marcher les enfants sans qu'ils s'en aperçoivent. Et si vos chérubins sont fatigués : hop, en selle ! Chaque matin, vous choisissez un itinéraire (de trois à six heures de marche) pour vous rendre à l'étape suivante. Pas de souci d'intendance : les hébergements et les repas sont réservés à l'avance. Et on vous préparera un pique-nique pour chaque déjeuner. Avant de partir pour l'aventure, on vous donnera les conseils pour bien guider les ânes, les nourrir, les brosser ... Et parfois les convaincre ... de ne pas vous faire tourner en bourrique!

1. Who is this holiday suitable for?
2. Name two things that you can use the donkeys for.
3. How many hours will you walk for each day?
4. What is reserved in advance?
5. What will you be shown before heading off?

J'écoute ! Je lis !

SECTION C: L'Ecoute

Exercice Un

A journalist interviews four people about their holidays. Listen, then answer the following questions.

1. (a) What would this person's ideal holiday be?
   (b) Give one reason why he would like this type of holiday.
   (c) What is the disadvantage of such a holiday?

2. (a) Who does this person like to spend her holidays with?
   (b) Why does she like camping?
   (c) Where did they go this year at Easter?
   (d) Name two things they did there.

3. (a) When was this man's best holiday ever?
   (b) Where did he go?
   (c) With whom did he go?
   (d) Name one thing that they did in Boston.
   (e) For how long did they ski?

4. (a) What type of holiday does this girl like?
   (b) Where did she go on holidays last year?
   (c) With whom did she go?
   (d) What did they do in the evening?

Exercice Deux

Four people talk about where they are going on their summer holidays. Fill in the grid.

Where will they go?	With whom will they go?	For how long will they go?	Two activities they will do

Exercice Trois

Julie talks about her holidays in Ireland.

1. How long was Julie in Dublin for?
2. Name two things that happen in Dublin every weekend.
3. Describe Julie's pen pal, Deirdre.
4. Describe Deirdre's mother.
5. Who drove the girls to Connemara?
6. Where did they stay?
7. Name two things Julie did in Connemara.
8. Name one Irish speciality that she tasted.
9. Did Julie's English improve?
10. When is Deirdre coming to France?

J'écoute ! Je lis !

Exercice Quatre

Listen to four bookings made at a campsite. Fill in the grid. The first one has been done for you.

Site type	Site no. and location	No. of people	No. of nights	Price
Caravan	12 – beside the shop	2	3 nights	€60

SECTION D: L'Ecrit

You have just returned to Ireland after spending a holiday with your pen friend Antoine, who lives in the French-speaking part of Switzerland. Write a letter to Antoine and include the following points:
- thank him for the great holiday
- say what you liked most about Switzerland
- say something about your journey back to Ireland
- tell him some news about your family
- mention some things you will do next summer when Antoine comes to Ireland.

(J.C.H.L. 2001)

Chapitre 10 L'école

SECTION A: Le Vocabulaire

School is the focus of this chapter. In France primary school lasts six years (from age 5–11). Students then attend secondary school for seven years. For the first four years they go to a *collège* (*sixième* to *troisième*), and at the end of this they do the *Brevet* which is the equivalent of our Junior Certificate. For the last three years (*deuxième*, *première* and *terminale*) French students go to a *lycée* where they do their *Baccalauréat* which is the equivalent of our Leaving Certificate.

Les écoles

une école maternelle	*a kindergarden/nursery school*
une école primaire	*a primary school*
un collège	*a secondary school (first cycle)*
un lycée	*a secondary school (second cycle)*
une école mixte	*a mixed school*
un internat	*a boarding school*
l'université (f)	*university*
la faculté	*faculty*

Les personnes

un écolier	*a schoolgoer (primary school)*
un élève	*a pupil*
un étudiant	*a student*
un interne/un pensionnaire	*a boarder*
un instituteur/une institutrice	*a primary school teacher*
un professeur	*a secondary school teacher*
le directeur/la directrice	*the principal*

Les matières

les mathématiques/les maths (f)	*maths*
le français	*French*
l'espagnol (m)	*Spanish*
l'irlandais (m)	*Irish*

J'écoute ! Je lis !

l'anglais (m)	*English*
l'allemand (m)	*German*
l'italien (m)	*Italian*
la géographie/la géo	*geography*
l'histoire (f)	*history*
la science	*science*
la physique	*physics*
la chimie	*chemistry*
la biologie	*biology*
l'éducation physique	*PE*
la musique	*music*
le dessin	*art*
les arts ménagers	*home economics*
le commerce	*business studies*
l'instruction religieuse	*religion*
l'éducation civique	*civics*
l'informatique (m)	*computer studies*
les travaux manuels	*wood/metalwork*

Des mots importants

la rentrée	*the return to school*
le trimestre	*the term*
la récréation	*the break*
le cours	*the lesson/class*
un examen	*an exam*
le cahier	*the copybook*
les devoirs (m)	*homework*
le bulletin scolaire	*the school report*
facile	*easy*
difficile	*difficult*
ennuyeux	*boring*
intéressant	*interesting*
être fort en	*to be good at*
être moyen en	*to be average at*
être nul en	*to be bad at*
la note	*mark/grade*
apprendre	*to learn*
la cantine	*the canteen*
la bibliothèque	*the library*
la permanence	*the study period*

SECTION B: La Compréhension

Exercice Un

Chassez l'intrus ! Remember to say why it is the odd one out.

1. (a) le stylo
   (b) le livre
   (c) le cahier
   (d) la chaise

2. (a) l'italien
   (b) l'anglais
   (c) l'informatique
   (d) l'espagnol

3. (a) l'institutrice
   (b) l'élève
   (c) le professeur
   (d) le trimestre

4. (a) la biologie
   (b) le dessin
   (c) la permanence
   (d) le directeur

5. (a) la bibliothèque
   (b) la cantine
   (c) le bureau
   (d) la vache

Exercice Deux

Look at the sentences below. Which word/phrase completes each sentence correctly? Write a, b or c, as appropriate, into the box.

1. Je dors dans mon école. Je suis
   (a) grand.
   (b) interne.
   (c) marin.

J'écoute ! Je lis !

2. Chaque cours dure
    (a) trois jours.
    (b) une heure.   ☐
    (c) une semaine.

3. Nous avons une petite récréation à
    (a) sept heures et demie.
    (b) dix heures et demie.   ☐
    (c) cinq heures.

4. Je prépare le Baccalauréat. Je suis en
    (a) troisième.
    (b) première.   ☐
    (c) terminale.

5. En classe de géographie nous étudions
    (a) la cuisine.
    (b) les pays.   ☐
    (c) le dessin.

6. Quand on ne respecte pas le règlement on doit aller voir
    (a) l'instituteur.
    (b) le directeur.   ☐
    (c) l'infirmière.

7. Je suis en sixième. J'ai
    (a) dix-huit ans.
    (b) onze ans.   ☐
    (c) sept ans.

8. J'adore l'histoire parce que
    (a) c'est trop difficile.
    (b) c'est très ennuyeux.   ☐
    (c) le prof est sympa.

9. Je déteste les sciences, surtout
    (a) le commerce.
    (b) la chimie.
    (c) la chaise.

10. Je suis faible en maths. Je reçois toujours
    (a) six sur vingt.
    (b) quatorze sur vingt.
    (c) vingt sur vingt.

Exercice Trois

Read the following text, then answer the questions.

Salut, moi, je m'appelle Marie et je suis en classe de troisième au collège St Jean à Nantes. Dans mon école il y a huit cent cinquante élèves et dans ma classe nous sommes vingt-cinq, quatorze filles et onze garçons.

J'habite tout près de mon école, alors j'y vais tous les matins à pied. Les cours commencent à huit heures et finissent à cinq heures, mais le mercredi et le samedi nous finissons à midi.

J'aime bien mon école et en général mes résultats scolaires ne sont pas trop mauvais. Je fais neuf matières. Ma matière préférée est l'allemand, je suis forte en langues étrangères. Par contre je déteste la physique. C'est ennuyeux et le prof m'énerve. Il est trop strict.

Je dois travailler très dur cette année parce que je vais passer le Brevet en juin. Je fais au moins trois heures de devoirs chaque soir et je fais aussi des révisions le weekend. J'ai hâte de finir mes examens et d'être en vacances. Au mois de juillet je pars en colonie de vacances avec mes amis.

1. How many pupils are there in Marie's school?
2. How many boys are there in her class?
3. How does she go to school?
4. What happens on Wednesdays and Saturdays?
5. What is her favourite subject and why?
6. Why does she not like physics?
7. How much homework does she do?
8. What does she plan to do in July?

Exercice Quatre

Collège International Cannes

FRANÇAIS POUR ÉTRANGERS
ANNÉE UNIVERSITAIRE/ÉTÉ
ÉTABLISSEMENT D'ENSEIGNEMENT SUPÉRIEUR PRIVÉ
1, avenue du Docteur Pascal – 06400 CANNES – FRANCE
Tél. (33) 4.93.47.39.29 –
Fax (33) 4.93.47.51.97
e-mail: cic@imaginet.fr
http://www.french-in-cannes.com

Un campus
Situé au bord de la mer, le Collège International occupe une superficie de 11.000 m², où sont rassemblés tous les services nécessaires à la vie étudiante.

Une expérience
Ouvert toute l'année, le Collège International met à la disposition des étudiants une équipe stable et permanente de professionnels spécialisés dans le domaine de l'enseignement et de l'accueil.

Le contact et la sécurité
24 heures sur 24, un correspondant du Collège répond aux appels téléphoniques et permet aux parents et amis de joindre rapidement les étudiants logés sur le campus.

Une atmosphère incomparable
Le campus n'est pas seulement un établissement d'enseignement, c'est aussi un lieu de vie et de rencontre, propice à la découverte des autres et de soi-même dans un cadre privilégié.

ANIMATION

Grâce à son équipe et à sa structure d'animation, le Collège International propose à chaque session un programme d'activités extrêmement varié. Certaines d'entre elles sont gratuites. Pour les autres est prévue une participation aux frais.

Sports
Squash, équitation, rafting, volley-ball, ping-pong, plongée sous-marine, voile, V.T.T., cours d'aérobic, canyoning, ski, football, randonnée pédestre.

HÉBERGEMENT
Internat sur le campus

PENSION COMPLÈTE
Chambre, petit-déjeuner, déjeuner, dîner.
DEMI-PENSION
Chambre, petit-déjeuner, déjeuner.
Chambres à 1, 2 ou 3
Lavabo dans chaque chambre, toilettes et douches à chaque étage. Draps et couvertures fournis par le Collège. Pension complète tous les jours de la semaine.
Le week-end : brunch.

1. Where is the college situated?
2. When is it open?
3. What service is available 24 hours a day?
4. Do you have to pay for activities?

5. Is wind-surfing available?
6. What will you find in every student room?
7. What items are provided by the college?

Exercice Cinq

Baccalauréat
LA CHALEUR N'A PAS GÊNÉ STÉPHANIE

Une bouteille d'eau bien fraîche. Stéphanie n'a pas oublié cet accessoire indispensable pour tenir lors de son épreuve d'anglais, hier après-midi. «Mais, même ceux qui n'y avaient pas pensé ont pu heureusement se désaltérer», raconte l'élève du lycée Sonia-Delaunay de Villepreux (Yvelines) qui passe son bac ES (économique et social). «Dans la salle d'examen, on nous a carrément apporté des carafes et des verres. Les profs qui surveillaient nous en ont proposé.»

Dernière épreuve écrite ce matin
La chaleur accablante ne l'a toutefois pas empêchée de bien réussir. «C'est la première fois que je suis surprise par la facilité du sujet, je croyais que cela serait nettement plus compliqué», poursuit Stéphanie. «Je ne suis pas très bonne en anglais et j'ai pratiquement tout compris au texte ! Au bac blanc, j'avais galéré et, là, tout m'a semblé faisable. J'avais d'ailleurs révisé des notions grammaticales ardues et les exercices demandés étaient, au contraire, plutôt simples, comme le style direct et indirect, les adjectifs.» Stéphanie est donc rentrée chez elle «cool et heureuse».

Un signe de bon augure pour ce matin où elle affronte sa dernière épreuve écrite – et non la moindre puisque c'est un de ses plus forts coefficients –, l'économie. Hier soir, elle a encore passé du temps à revoir certains chapitres, comme la mondialisation, sans pour autant se priver d'un de ses films préférés qui passait sur M6, «La mort dans la peau». «J'ai hâte d'être à mardi soir», confie la jeune fille. «Je serai enfin débarrassée de tout ce travail et ce stress !»

L.L.F.

«Le Parisien» – 'Aujourd'hui en France' derrière Stéphanie ! Nous suivons en effet la jeune lycéenne tout au long de son examen.

1. What did Stéphanie bring to her exam?
2. Why did she need this item?
3. What subject was the exam in?
4. When was the exam?
5. How does she think she got on?
6. What exam is she doing this morning?
7. When will all her exams be over?

Exercice Six

JAMAIS SANS...   **UN PLAN D'ENFER POUR RÉUSSIR SES EXAMS !**

1 ORGANISEZ-VOUS !
Pour être au top physiquement et intellectuellement, allez au lit à heure fixe et dormez huit heures. Enfin, pour évacuer le stress, faites au moins une séance de sport par semaine.

2 MANGEZ INTELLIGENT !
Faites un petit déjeuner complet et pensez à mettre des vitamines (légumes verts et fruits frais), des protéines (œufs et poissons) et des sucres lents (pâtes, riz, pommes de terre) dans vos autres repas afin de faire le plein d'énergie. En cas de coup de pompe pendant les révisions ou le jour J, prévoyez des fruits secs et du chocolat !

3 ETUDIEZ MALIN !
Tôt le matin et entre 16h et 19h, les facultés intellectuelles sont au top ! A minuit, ça ne sert plus à rien, l'hormone du tonus est au niveau zéro. Par contre, avant de vous coucher, lisez vos révisions du jour. Au réveil, vous aurez mémorisé pas mal d'infos !

4 RESTEZ ZEN !
Le jour J, pensez à vous munir d'une petite bouteille d'eau et d'une friandise "antiflagada". Avant de vous jeter sur votre stylo, respirez profondément les yeux fermés et faites le vide. Une fois détendu, lisez attentivement et plusieurs fois votre sujet. Eh oui, la majorité des échecs proviennent d'une erreur de lecture !

1. Name one thing you should do to ensure you are in top form.
2. What should you do to avoid stress?
3. Name four foods you should eat in order to give yourself energy.
4. When are you mentally most alert?
5. Name one thing you should bring in to the exam with you.
6. What is the most common mistake made in exams?

SECTION C: L'Ecoute

Exercice Un

Four people talk about their schools.

1.   TRUE   FALSE

Marie is sixteen years old.   ☐   ☐
There are 1,300 pupils in her school.   ☐   ☐
She goes to a mixed school.   ☐   ☐
Her day starts at eight and finishes at four.   ☐   ☐
She lives twenty kilometres from the school.   ☐   ☐
Her favourite subject is English.   ☐   ☐
They are allowed to smoke.   ☐   ☐

2.   TRUE   FALSE

Caroline is in primary school.   ☐   ☐
School starts at eight and finishes at half past three.   ☐   ☐
She started English last year.   ☐   ☐
Maths is her favourite subject.   ☐   ☐
She hates history because it is too difficult.   ☐   ☐

3.   TRUE   FALSE

Marc is a boarder.   ☐   ☐
He has one brother.   ☐   ☐
He lives ten kilometres from the school.   ☐   ☐
There are six hundred pupils in his school.   ☐   ☐

4.   TRUE   FALSE

This boy is doing his 'Bac' this year.   ☐   ☐
He finds science subjects boring.   ☐   ☐
He studies four hours every night.   ☐   ☐
He wants to study engineering.   ☐   ☐

J'écoute ! Je lis !

Exercice Deux

Ten people comment briefly on different school subjects. Write in the subject mentioned and one thing said about it. The first one has been done for you.

Person No.	Subject and one comment made
1.	German – it's my favourite subject. It's interesting to learn a new language.
2.	
3.	
4.	
5.	
6.	
7.	
8.	
9.	
10.	

Exercice Trois

Delphine talks about a typical day in her school.

1. What age is Delphine?
2. When is she doing her 'Bac'?
3. How many days a week does she go to school?
4. What time does she get up at?
5. How long does her journey to school take?

6. On Monday what are her first two classes?
7. Name three sports she does in PE class.
8. What can they get to eat in the canteen for lunch?
9. Why does she like history?
10. What does she say about physics?
11. What does she do when she gets home from school?
12. What does she do at seven o'clock in the evening?

SECTION D: L'Ecrit

Write a letter in French to your French pen pal Nicolas/Nicole. Include at least four of the following points:
- ask how he/she is
- thank him/her for a card he/she sent you
- say that it is your sister's birthday tomorrow
- talk about something you are doing for it
- say what your favourite subject is at school
- say you have got a lot of homework
- tell him/her something about your parents
- say you are going to a disco at the weekend
- ask what he/she is doing at the weekend.

(J.C.O.L. 2002)

Chapitre 11 Révisons !

SECTION A: Le Vocabulaire

There is no new vocabulary in this chapter so now is a good time to revise the vocabulary from Chapters 1–10. To do the exercises in this chapter you will need to be especially familiar with:
- numbers
- colours
- days, months and seasons
- physical descriptions
- personality traits
- school subjects
- pastimes
- professions.

The following exercises will help you revise your vocabulary.

Exercice Un

Traduisez les nombres.

1. 14 _____
2. 26 _____
3. 35 _____
4. 48 _____
5. 59 _____
6. 62 _____
7. 77 _____
8. 85 _____
9. 96 _____
10. 100 _____

Exercice Deux

Traduisez les jours, mois et saisons.

1. Monday _____
2. Friday _____
3. Sunday _____
4. March _____
5. January _____
6. July _____
7. August _____
8. November _____
9. Winter _____
10. Spring _____

Exercice Trois

Matières et Passe-temps
Match up.
1. la natation
2. la pêche
3. l'équitation
4. les promenades
5. le dessin
6. la voile
7. les boums
8. l'informatique
9. la chimie
10. l'espagnol

A. fishing
B. walking
C. art
D. sailing
E. horse-riding
F. Spanish
G. computer studies
H. swimming
I. parties
J. chemistry

Exercice Quatre

Descriptions
Match up.
1. grand
2. bavard
3. paresseux
4. gris
5. mince
6. bouclé
7. court
8. petit
9. compréhensif
10. gros

A. grey
B. lazy
C. curly
D. fat
E. understanding
F. small
G. talkative
H. short
I. thin
J. tall

Exercice Cinq

Professions
Match up.
1. fonctionnaire
2. coiffeur
3. facteur
4. pompier
5. institutrice
6. infirmière
7. comptable
8. avocat
9. marin
10. vendeuse

A. postman
B. nurse
C. accountant
D. lawyer
E. sailor
F. civil servant
G. hairdresser
H. sales assistant
I. fireman
J. primary school teacher

J'écoute ! Je lis !

SECTION B: La Compréhension

Exercice Un

Write the correct letter into the box.

1. Ma sœur s'appelle Alice.
    (a) Elle est neuf ans.
    (b) Il est neuf ans.
    (c) Il a neuf ans.
    (d) Elle a neuf ans.

2. The White House est
    (a) une maison blanche en Angleterre.
    (b) une maison bleue aux Etats-Unis.
    (c) une maison blanche aux Etats-Unis.
    (d) une blanche maison aux Etats-Unis.

3. Je vais voir le médecin.
    (a) Je suis heureux.
    (b) Je suis malade.
    (c) Je suis fatigué.
    (d) Je suis triste.

4. J'ai un frère qui s'appelle David.
    (a) Il est grande.
    (b) Elle est grande.
    (c) Elle est grand.
    (d) Il est grand.

5. J'habite avec mes parents.
    (a) Ils sont sympa.
    (b) Elles sont sympas.
    (c) Ils sont sympas.
    (d) Elle est sympa.

6. Je suis sportif.
    (a) Je joue de la natation.
    (b) Je fais de la natation.
    (c) Je joue du natation.
    (d) Je fais du natation.

7. Mon frère adore la musique.
    (a) Il joue de la guitare.
    (b) Il joue à la guitare.
    (c) Il joue du guitare.
    (d) Elle joue de la guitare.

8. Mon copain n'arrête pas de parler.
    (a) Il est timide.
    (b) Il est paresseux.
    (c) Il est bavard.
    (d) Il est compréhensif.

9. A l'école j'étudie
    (a) neuf métiers.
    (b) neuf matières.
    (c) neuf météo.
    (d) neuf matinées.

10. J'habite aux Pays-Bas.
    (a) Je suis anglais.
    (b) Je suis français.
    (c) Je suis hollandais.
    (d) Je suis espagnol.

Exercice Deux

Write the correct letter into the box.

1. You want to wish a friend good luck. Which card would you send?
    (a) Félicitations
    (b) Bonne chance
    (c) Heureux anniversaire
    (d) Joyeux Noël

2. You want to put an ad in a paper. Which section would you pick?
    (a) Abonnement
    (b) Santé
    (c) Petites annonces
    (d) Horoscopes

J'écoute ! Je lis !

3. You want to borrow some books. Which sign would you look for?
    (a) Chaussures
    (b) Boulangerie
    (c) Librairie
    (d) Bibliothèque

4. Which of these signs warns you to be careful of the dog?
    (a) Sortie
    (b) Chien méchant
    (c) Interdit aux chiens
    (d) Eau potable

5. You wish to leave your luggage at the train station. Which sign would you look for?
    (a) Renseignements
    (b) Consigne
    (c) Accueil
    (d) Guichet

Exercice Trois

SALUT
Fiche Portrait N°381
FAUDEL

Nom : Belloua.
Prénom : Faudel, qui signifie 'bienvenue' en égyptien.
Surnom : Fofo.
Né le : 6 juin 1978.
À : Mantes-la-Jolie (78).
Signe astrologique : Gémeaux.
Situation de famille : c'est le troisième d'une famille de cinq garçons.
Signe particulier : son sourire et ses beaux yeux verts affolent toutes les filles !
Principales qualités : est généreux.
Principaux défauts : est parfois trop confiant.
Il aime : collectionner les bouteilles de parfum.
Il déteste : le mensonge ainsi que le racisme.
Enfance : chaque été Faudel s'envole vers l'Algérie pour passer ses vacances chez sa grand-mère Amaria. Chanteuse de raï traditionnel dans les cérémonies, elle lui propose de joindre sa voix à la sienne lors d'un mariage. Depuis, il ne pense plus qu'à la musique …

Parcours : à 12 ans, il déserte les bancs de l'école pour chanter au sein du groupe les Etoiles du raï, et anime ainsi toutes les fêtes de Mantes-la-Jolie en interprétant des chansons de Cheb Mami et Khaled. En 1993, Mohamed Mektar, dit Momo, un organisateur de concerts et vieil ami de son père, lui permet de faire sa première scène avant de devenir son manager. Entouré de trois musiciens, Faudel constitue son propre répertoire et assure les premières parties de MC Solaar, Cheb Mami et Khaled (avec lequel il a interprété le mémorable *Didi*). C'est ainsi qu'il commence à se faire un public … surtout composé de filles ! En 1996, il signe un contrat avec Mercury, son actuelle maison de disques, et enregistre dans la foulée son premier album, *Baïda*. Il sort début 1997, soutenu par le méga tube *Tellement N'Brick*, et fait un carton. Devenu l'étoile montante du raï, Faudel enchaîne tube sur tube, brille à chaque concert et collectionne les récompenses. L'aventure le conduit à passer devant la caméra : on lui propose un grand rôle dans le téléfilm *Jésus* (diffusé sur TF1 en décembre dernier).

Actu : ce mois-ci nous pourrons le voir sur grand écran dans *Le Battement d'ailes du papillon*, de Laurent Firode. Quant à son deuxième album, il ne devrait pas tarder …

1. How many brothers and sisters has Faudel?
2. Describe his eyes.
3. Name one of his qualities.
4. Name one of his faults.
5. Name one thing he likes to do.
6. Name one thing he hates.
7. As a child where did he spend his holidays?
8. Who is Mohamed Mektar?
9. When was the film *Jésus* broadcast?
10. What are we told about Faudel's second album?

Exercice Quatre

Kim Basinger, la nouvelle B.B.

Dans «Je rêvais de l'Afrique», elle lutte contre le massacre des éléphants. Une façon de prolonger son combat pour la cause animale.

«Certains m'appellent la Madone des chiens de laboratoires», dit fièrement l'actrice avec un petit sourire. L'an dernier, elle a mené une guerre pour sauver plusieurs dizaines de beagles, chiens doux et affectueux, souvent choisis dans les laboratoires. Dans son dernier film, «Je rêvais de l'Afrique», elle incarne l'une des grandes militantes de la défense de la vie sauvage sur ce continent. «Ce sont les Mémoires de Kuki Gallman, une femme qui a abandonné Venise pour s'installer dans un ranch au Kenya. C'est une histoire très forte, je ne pouvais pas passer à côté. Il n'y a eu qu'une chose compliquée : le tournage en Afrique»

Comme elle refusait d'abandonner sa famille en Amérique durant trois mois, Kim s'est installée avec Alec Baldwin et leur fille, Ireland, au Kenya, puis en Afrique du Sud. «J'avais peur d'emmener ma fille parmi la faune africaine. Mais tout s'est bien passé. A 4 ans, elle veut tout voir, tout toucher. Par exemple, elle était constamment attirée par des grenouilles venimeuses. Or il suffit de leur faire de l'ombre pour qu'elles crachent du poison sur vos jambes. Tous les soirs, je vérifiais tous les recoins de notre chambre pour m'assurer qu'il n'y avait pas d'insectes ou d'animaux nuisibles autour de son lit.»

Sur le tournage (notre photo), Kim a aussi appris à surmonter ses peurs. «J'avais une scène avec un python de 3 mètres autour du cou et qui montait sur ma tête. Il n'y a qu'une alternative : rester calme et le python vous laisse en paix.»

Aujourd'hui, l'actrice préfère être connue comme avocate de la cause animale plutôt que sex-symbol d'Hollywood. A l'avenir, elle pourrait même arrêter sa carrière cinématographique pour se consacrer à une fondation de protection de la nature, comme notre Brigitte Bardot nationale.

HENRY ARNAUD

1. Which animals did Kim fight to save last year?
2. Where was her latest film shot?
3. How long did it take to shoot the film?
4. Who is Ireland?
5. What did Kim do every evening?
6. What is she considering doing in the future?

Exercice Cinq

A l'heure où son nouveau single, *Mambo, Mambo*, s'apprête à devenir l'un des méga tubes de l'été, nous avons retrouvé Lou Bega et son fameux chapeau blanc à Monaco à l'occasion de la cérémonie des World Music Awards. Qui se cache vraiment derrière ce charmeur allemand aux faux airs de Latino ? C'est ce que nous avons voulu savoir … Attention, révélations en perspective !

LOU BEGA

Quel genre d'enfant étais-tu ?
Je me souviens avoir entendu dire que j'étais plutôt gentil. Enfant, je voulais être tantôt docteur, tantôt pilote … Je changeais d'avis tous les jours … J'étais un rêveur !

Ne rêvais-tu pas de devenir chanteur ?
Non, petit, je n'ai jamais songé à être chanteur, ça m'est venu plus tard vers 13 ou 14 ans.

Quel genre d'élève étais-tu ?
J'étais plutôt de genre moyen, car, en fait je n'étais pas ambitieux. J'aimais la géographie, les sciences, mais pas vraiment les maths. Je faisais toujours mes devoirs cinq minutes avant d'entrer en classe … Comme beaucoup de personnes, je crois ! *(Rires.)*

Quel est ton premier souvenir d'école ?
Je détestais l'école et je me souviens que ma mère me préparait un sac pour mon goûter avec plein de friandises. Comme les autres enfants en avaient moins que moi, j'ai mis du temps à me faire accepter. Dès que j'ai commencé à aller à l'école, je me suis rendu compte que les bons côtés de ma vie d'enfant allait vite disparaître.

Te souviens-tu de ta première petite amie ?
Oui, elle s'appelait Stéphanie et avait 14 ans. Moi j'en avais 13. C'est elle qui m'a appris à embrasser. A cette époque, je n'étais pas très à l'aise avec les filles.

Te rappelles-tu de ton premier voyage ?
J'étais tout jeune, et l'on est partis voir ma grand-mère en Italie. On a fait trente heures de train.

Et de la première fois que tu as découvert Paris ?
J'étais venu pour faire la promo de *Mambo No 5*, mais j'avais tellement de rendez-vous que je n'ai vu les Champs-Elysées que cinq minutes, et, en plus, il pleuvait !

Qu'as-tu fait après avoir signé ton premier contrat avec ta maison de disques ?
Rien de particulier, c'était un jour comme les autres pour moi, car ce n'était que la première étape. Par contre, lorsque je me suis vu à la télé dans mon clip, là, c'était fort.

Puisqu'on parle de contrat, quel a été ton premier job ?
J'ai travaillé dans une boutique avec un pote, mais, moi, je ne vendais pas, j'étais magasinier. Je ne suis resté que deux semaines. En tant que chanteur, ma première expérience professionnelle, c'était à Miami. Je chantais dans les bars une fois par semaine. La plupart du temps, il n'y avait que dix personnes, mais ça te donne une expérience de la scène incroyable.

Avant de nous quitter, dis-moi quelle est la plus belle chose que tu aies faite dans ta vie ?
Ma première télé … ça tombe bien ! Il y avait 20 millions de téléspectateurs, et quand la chanson s'est terminée, le public qui assistait à l'émission est devenu fou. Je n'ai pas pu quitter la scène, car les gens n'arrêtaient plus d'applaudir et de crier, et j'ai dû rejouer le morceau une deuxième fois. Ça ne m'est plus jamais arrivé depuis … *(Eclat de rire.)*

1. What was Lou Bega like as a child?
2. What did he want to be when he grew up?
3. What type of student was he?
4. When did he do his homework?
5. When he started school what used his mother to do?
6. Who was Stéphanie?
7. Where did he go on his first trip away?
8. Describe his first visit to Paris.
9. How long did he stay in his first job?
10. What does he say about his first television appearance?

J'écoute ! Je lis !

SECTION C: **L'Ecoute**

Exercice Un

Four people talk about their best friends. Fill in the information below.

1. Name: *Conor*
   Address:
   Age:
   Birthday:
   Physical description (two points):

   Personality (one point):
   Two pastimes:

2. Name: *Carole*
   Address:
   Age:
   Birthday:
   Physical description (two points):

   Personality (one point):

   Two pastimes:

3. Name: *Aoife*
   Address:
   Age:
   Birthday:

Physical description (two points):

Personality (one point):

Two pastimes:

4. Name: *Robert*

   Where did they meet?

   Physical description (two points):

   Personality (one point):

   Two pastimes:

Exercice Deux

Two young people are interviewed about themselves.

1. (a) What age is Marie-Christine?
   (b) When is her birthday?
   (c) What are her two favourite subjects?
   (d) What does her mother do?
   (e) What does her father do?
   (f) What does Marie-Christine do on a Sunday afternoon?
   (g) Name three things that Marie-Christine likes.
   (h) Name three things that Marie-Christine hates.

2. (a) What age is Christophe?
   (b) What is his date of birth?
   (c) Describe his brother David (two points).
   (d) What year is Christophe in?
   (e) Name two subjects that Christophe does not like.
   (f) Why does he not like these subjects?
   (g) Name one thing he would like to do when he leaves school.
   (h) Name three of Christophe's pastimes.

J'écoute ! Je lis !

Exercice Trois

Interview with Daniel Lamont, singer with the group *Encore*.

	TRUE	FALSE
1. Daniel was born in Spain.	☐	☐
2. He moved to France when he was eight.	☐	☐
3. His sister Natacha is sporty and good-humoured.	☐	☐
4. He lives in an apartment with his parents.	☐	☐
5. When he was younger he loved football and tennis.	☐	☐
6. He became interested in music when he was fourteen.	☐	☐
7. Being successful means he can afford nice clothes.	☐	☐
8. Now that he is successful he doesn't have to work as hard.	☐	☐
9. He is delighted to be playing in Nice because he grew up there.	☐	☐
10. The band have sold over 10,000 tickets for their concert.	☐	☐

SECTION D: L'Ecrit

Write a letter in French to your French-speaking pen pal Chantal/Charles. Include at least four of the following points:
- thank him/her for his/her letter
- say that you are going on holiday soon
- give some information about your brother or sister
- mention how you spend your free time
- talk about a holiday job you have
- tell him/her about something you bought recently
- say what time you get up in the morning
- ask about his/her free time
- ask about a pet he/she has.

(J.C.O.L. 2004)

Chapitre 12 Au magasin

SECTION A: Le Vocabulaire

For the Junior Certificate it is important to be able to understand conversations that take place when people are shopping. You need to know the names of the different shops and it would be a good idea to revise the food vocabulary from Chapter Six before starting this chapter.

faire des courses	*to do the shopping*
faire des achats	
faire des commissions	

Les magasins

la boucherie	*butcher's shop*
la charcuterie	*pork butcher's*
la pâtisserie	*pastry shop*
la boulangerie	*bakery*
le supermarché	*supermarket*
l'épicerie (f)	*grocery*
la confiserie	*sweet shop*
la bijouterie	*jeweller's shop*
la librairie	*bookshop*
la pharmacie	*chemist's*
le tabac	*newsagent's*
le magasin de chaussures	*shoe shop*
le marchand de légumes	*greengrocer*
le marchand de poissons	*fishmonger*
l'hypermarché/la grande surface	*hypermarket*

Les verbes importants

acheter	*to buy*
vendre	*to sell*
essayer	*to try*
vouloir	*to want*
peser	*to weigh*
demander	*to ask for*
coûter	*to cost*
louer	*to rent/hire*

J'écoute ! Je lis !

Les expressions utiles

Je peux vous aider ?	*Can I help you?*
Vous désirez ?	*What would you like?*
Je voudrais un kilo de pommes.	*I would like a kilo of apples.*
Donnez-moi 200 grammes de fromage, s'il vous plaît.	*Give me 200 grams of cheese, please.*
Je vais prendre 8 tranches de jambon.	*I will take 8 slices of ham.*
une boîte de petits pois	*a tin of peas*
une douzaine d'oeufs	*a dozen eggs*
un paquet de chips	*a packet of crisps*
Ça coûte combien ?	*How much does that cost?*
Ça fait combien ?	*How much is all that?*
Ça fait seize euros cinquante, s'il vous plaît.	*That is €16.50, please.*
Un euro soixante-dix le kilo.	*€1.70 a kilo.*
Est-ce que vous vendez de la farine ?	*Do you sell flour?*
Ça sera tout ?	*Will that be all?*
Je n'ai pas assez d'argent.	*I don't have enough money.*
Voilà votre monnaie.	*Here is your change.*
C'est trop cher.	*It is too expensive.*
C'est bon marché.	*It is cheap/good value.*
C'est pour offrir ?	*Is it for a present?*

SECTION B: La Compréhension

Exercice Un

Quel magasin ?

Which shop would you go into if

1. you want to buy some cakes?
    (a) la pâtisserie
    (b) la boucherie
    (c) la boulangerie
    (d) la bijouterie

2. you want to buy some sugar?
   (a) la bibliothèque
   (b) le tabac
   (c) la librairie
   (d) l'épicerie

3. you want to buy some vegetables?
   (a) le marchand de poissons
   (b) le magasin de chaussures
   (c) le marchand de légumes
   (d) le lycée

4. you want to buy a cough bottle?
   (a) la piscine
   (b) la gare
   (c) la pharmacie
   (d) la confiserie

5. you want to buy some cooked meats?
   (a) l'église
   (b) la boucherie
   (c) la charcuterie
   (d) la mairie

Exercice Deux

1. Which of these signs means 'free delivery'?
   (a) Rayon hommes
   (b) Livraison gratuite
   (c) Entrée libre
   (d) Sortie

2. Which of these signs means 'reduced prices'?
   (a) Prêt à porter
   (b) Libre service
   (c) Prix réduits
   (d) Syndicat d'initiative

J'écoute ! Je lis !

3. Which of these signs tells you that there is a food department?
   (a) Passage souterrain
   (b) Objets trouvés
   (c) Buffet de la gare
   (d) Rayon alimentation

4. Which of these signs means 'dry cleaning'?
   (a) Consigne
   (b) Nettoyage à sec
   (c) Billets
   (d) Bricolage

5. Which of these signs means 'cash desk'?
   (a) Piétons
   (b) Caisse
   (c) Cave
   (d) Essence

Exercice Trois

Match up what you would say in each shop with the correct picture.

1. Je cherche du savon et des comprimés, Madame.
2. Je voudrais quatre tranches de jambon, s'il vous plaît.
3. Un chou-fleur et un kilo de bananes, s'il vous plaît.
4. Donnez-moi quatre croissants et deux pains au chocolat, s'il vous plaît.
5. Je voudrais un rôti de bœuf, s'il vous plaît.
6. Donnez-moi deux timbres à cinquante-cinq centimes, s'il vous plaît.
7. Je peux essayer les chaussures noires, Madame ?
8. Je cherche un cadeau pour ma femme, une montre peut-être.

12 • Au magasin

A — (marché/fruits)
B — CHARCUTERIE
C — TABAC
D — BIJOUTERIE
E — PHARMACIE
F — CHAUSSURES
G — BOULANGERIE
H — BOUCHERIE

Exercice Quatre

SOLDES

Soldes d'été à ne pas manquer
Ouvert tous les jours sauf
dimanche

1. What is this advertisement telling us about?
2. What time of year is it?
3. When is the shop open?

J'écoute ! Je lis !

Exercice Cinq

How much do the following items cost?

1. Confiture _____
2. Haricots _____
3. Pâtes _____
4. Fromage _____
5. Chou-fleur _____
6. Chemise _____

Exercice Six

Les recettes

Curry de poulet au coco

Préparation : 10 minutes • Cuisson : 35 min
Pour 4 personnes
- 800 g de filets de blancs de poulet ■ 30 cl d'eau
- 1 bouillon cube ■ une boîte d'ananas en morceaux (400 g)
- 1 yaourt ■ 1 cuil. à café de curry ■ 50 g de noix de coco râpée
- 50 g de raisins secs ■ 2 cuil. à soupe d'huile ■ sel, poivre

1 **Coupe les blancs** de poulet en gros cubes. Dans une cocotte, mets l'huile à chauffer et verse les morceaux de viande. Fais-les dorer sur toutes les faces.
2 **Verse l'eau** dans la cocotte, ajoute le bouillon cube, le curry, l'ananas avec son jus, la noix de coco, les raisins secs. Sale, poivre et mélange. Laisse mijoter à feu doux avec le couvercle.
3 **Avant de servir**, ajoute le yaourt et mélange à la sauce.

Accompagnement : du riz basmati.

1. Which of the following is not in the recipe?
    (a) pineapple
    (b) a stock cube
    (c) milk
    (d) water

2. What is the first thing that you should do with the chicken?
3. What should you do before serving?

Coccinelles sur l'herbe

Préparation : 10 min • Réfrigération : 1 h au minimum
Pour 4 personnes

- 4 tomates ■ 2 boîtes de thon au naturel ■ 100 g de fromage blanc
- 1 cuil. à soupe de mayonnaise ■ 1 cuil. à soupe de crème fraîche
- ciboulette ■ sel, poivre ■ 8 olives noires ■ 1 salade frisée

1 **Lave les tomates**, essuie-les et coupe la partie supérieure. Evide l'intérieur et retourne-les sur un plat pour évacuer le jus.
2 **Dans un saladier**, émiette le thon après l'avoir égoutté, mélange-le au fromage blanc, à la mayonnaise et à la crème fraîche. Sale et poivre. Cisèle la ciboulette et parsème-la. Remplis chaque tomate de cette préparation.
3 **Coupe de minuscules morceaux** d'olives noires. Retire leur pulpe. Pose la peau sur le dos des tomates, cela fait ventouse. Ajoute des brins de ciboulette pour les antennes. Dispose sur un lit de salade et mets au réfrigérateur.

1. Which of the following is not in the recipe?
    (a) flour
    (b) tuna
    (c) chives
    (d) lettuce

2. Name two things you should do with the tomatoes.
3. What ingredient would you cut into tiny pieces?

Exercice Sept

AUTOUR DE NOUS

Un voleur s'est emparé de la voiture de Martine et Jacques, avec leur petit-fils à l'intérieur, et ils avaient peur de ne jamais plus le revoir ! Heureusement, un jeune couple passait par là !

POURSUITE HEUREUSE !

Dans la file d'attente de la caisse, Martine écoute, amusée, les réflexions de son petit-fils de 3 ans. Elle et son mari Jacques le gardent, aujourd'hui, alors que la maman du petit Damien est de service à l'hôpital. «Celui-là est pour moi !» déclare Damien à la jeune femme derrière eux, en montrant du doigt un petit jean dans le chariot. «Papy m'a acheté le même que pour lui !»

Alors que sa mamie s'émerveille du caractère sociable de son petit-fils, le jeune couple observe le petit garçon avec tendresse :

«J'aimerais avoir un petit garçon comme lui !» murmure Carole à Olivier qui, lui, hausse les épaules...

Plutôt que de traverser l'immense parking, Martine, qui a mal aux pieds, attend à la sortie du centre commercial, pendant que Jacques va chercher la voiture avec Damien.

Jacques décharge le chariot, installe son petit-fils dans le siège enfant et met déjà le contact quand il s'aperçoit qu'il a oublié de ranger le chariot. Damien le suit du regard quand la porte du conducteur s'ouvre : un inconnu saute dans la voiture. «Tu n'es pas mon papy !» hurle Damien furieux ! L'homme, étonné de voir le gamin, crie «La ferme !» et tourne la clef de contact...

Jacques vient de récupérer la pièce de 1 € de son chariot quand il voit sa nouvelle Golf passer en trombe ! Son sang se glace. «Arrêtez !» hurle-t-il, alors que l'inconnu accélère.

Martine qui le voit courir le rejoint. «On a volé la voiture avec Damien dedans !» crie-t-il. Elle se met à crier à son tour : «Au secours !»

Carole et Olivier, qui sortent du parking, les reconnaissent : ce sont ces gens qui étaient avec le petit garçon si mignon !

Olivier dirige son 4x4 vers eux : «Alertez la police, on va les suivre !» Il démarre, accélère et suit la Golf qui s'est arrêtée à un feu rouge. Il se met à côté d'elle et Carole baisse la vitre : «Gardez la voiture, mais laissez l'enfant !» supplie-t-elle. Mais le voleur accélère et se dirige vers la sortie de la ville !

La voiture s'enfonce dans les arbustes...

«Je ne vais pas le laisser filer», murmure Olivier en suivant la Golf sur la départementale. «Tu vois ce qu'il fait, ce fou ?»

La Golf tourne, soudain, à gauche, sans faire attention aux voitures qui viennent d'en face. «Cette ordure va tuer l'enfant !» hurle Carole, alors qu'Olivier réussit à reprendre la poursuite du voleur.

Pendant ce temps, Jacques est en train d'expliquer ce qui s'est passé aux policiers enfin arrivés.

12 • Au magasin

Olivier a poursuivi, dans son 4x4, la voiture volée avec Damien à bord : quelle aventure !

Alors qu'ils alertent le central, Olivier continue sa folle poursuite. «Ne le suis pas de trop près», dit Carole, «il risque de paniquer, garde-le juste en vue, il va certainement commettre une erreur !» Un instant plus tard, il en commet effectivement une : il tourne dans une ruelle, sans voir le panneau qui indique une impasse. «Ça y est !» crie Olivier, et Carole demande : «Laisse-moi sortir, je vais appeler la police !»

Olivier suit la Golf jusqu'au bout de la ruelle, mais, au lieu de s'arrêter, la voiture s'enfonce dans les arbustes ! «Il est complètement fou !» hurle Olivier qui accélère à son tour. A cet instant, il voit l'homme sauter de la voiture et disparaître dans le bois.

Olivier se précipite vers la Golf et découvre Damien toujours attaché dans son siège. «Je veux voir mon papy et ma mamie !» pleure-t-il.

«Tu vas les voir !» lui promet Olivier qui le prend dans ses bras. Quelques kilomètres plus loin, un policier rassure ses grands-parents : «La jeune femme vient de téléphoner, le gamin est sain et sauf !»

Et quelques minutes plus tard, un 4x4 arrive, avec Damien à bord. «Mamie», crie le petit garçon, «Papy ne roule jamais aussi vite !» «Heureusement !» dit Martine en l'embrassant ...

	TRUE	FALSE
1. Damien's mother works as a teacher.	❒	❒
2. Jacques, Damien's grandfather, had just bought him a new jumper.	❒	❒
3. Martine, Damien's grandmother, didn't cross the car park because her feet were sore.	❒	❒
4. Jacques forgot to buy bread in the shopping centre.	❒	❒
5. A robber jumped into the car without realising Damien was in the back.	❒	❒
6. Carole and Olivier ran after the car.	❒	❒
7. The robber was driving very fast and turned into a cul-de-sac.	❒	❒
8. He jumped out of the car and hurried into a house.	❒	❒
9. When Carole and Olivier rescued Damien, he was sitting happily in his seat.	❒	❒
10. They phoned his grandparents to tell them that he was safe.	❒	❒

J'écoute ! Je lis !

SECTION C: L'Ecoute

Exercice Un

Three people do their shopping. Fill in the grid.

Type of shop	Item(s) purchased	Amount paid

Exercice Deux

Three people shop for presents.

Who is the present for?	What is the occasion?	What do they buy?	Amount paid

Exercice Trois

Ten people are asking for items in different shops. Fill in the blanks, then give the name of the shops they are in in French.

1. (a) Donnez-moi un _____ de poires et quatre _____, s'il vous plaît.

    (b) Shop: _____

2. (a) Je voudrais deux _____ postales et deux _____ à cinquante-cinq centimes, s'il vous plaît.

    (b) Shop: _____

124

3. (a) Je voudrais un _____ de lait et du _____ , s'il vous plaît.
   (b) Shop: _____

4. (a) Donnez-moi _____ croissants et trois pains au _____ , s'il vous plaît.
   (b) Shop: _____

5. (a) Je voudrais un paquet de _____ , s'il vous _____ .
   (b) Shop: _____

6. (a) _____ -moi deux stylos et un _____ , s'il vous plaît.
   (b) Shop: _____

7. (a) J'aimerais un _____ contre la toux et du _____ , s'il vous plaît.
   (b) Shop: _____

8. (a) Je voudrais un kilo de _____ et un rôti de _____ .
   (b) Shop: _____

9. (a) Donnez-moi un _____ et un kilo de pommes de _____ , s'il vous plaît.
   (b) Shop: _____

10. (a) Je voudrais de la _____ , du sucre et un _____ de biscuits, s'il vous plaît.
    (b) Shop: _____

SECTION D: L'Ecrit

You are on holidays in Donegal with your family. Write a postcard to your French pen pal Didier. In your card tell him
- when you arrived and who is with you
- the weather is _____
- you will be going _____ tomorrow to do some shopping.

(J.C.O.L. 2002)

Chapitre 13   La ville

SECTION A: Le Vocabulaire

This chapter looks at the buildings you find in town and at directions in case you get lost. These are important areas for the Junior Certificate.

la piscine	*swimming pool*
le cinéma	*cinema*
le parking	*car park*
le stade	*stadium*
le théâtre	*theatre*
un immeuble	*a block of flats*
une usine	*factory*
la gare	*station*
la gare routière	*bus station*

la banque	*bank*
le bureau de poste	*post office*
le château	*castle*
un centre sportif	*sports centre*
une bibliothèque	*library*
un centre commercial	*shopping centre*
un supermarché	*supermarket*
une église	*church*

Directions

Allez tout droit.	*Go straight on.*
Tournez à droite.	*Turn right.*
Tournez à gauche.	*Turn left.*
Prenez la première/deuxième/troisième rue.	*Take the first/second/third road.*
C'est au bout de la rue.	*It is at the end of the road.*
Traversez le pont.	*Cross the bridge.*
Descendez la rue.	*Go down the road.*
Où est la piscine, s'il vous plaît ?	*Where is the pool, please?*
Il y a une banque près d'ici ?	*Is there a bank near here?*
Il y a un hôtel dans la ville ?	*Is there a hotel in the town?*
Continuez jusqu'à ...	*Keep going as far as ...*
C'est juste après ...	*It's just after ...*
Je cherche une pharmacie, s'il vous plaît.	*I'm looking for a pharmacy, please.*
Où est-ce que je peux trouver une boîte aux lettres ?	*Where can I find a letter box?*

Expressions au syndicat d'initiative

Vous avez un plan de la ville ?	*Do you have a map of the town?*
Vous avez une liste des musées ?	*Do you have a list of museums?*
Vous avez un dépliant sur les excursions ?	*Do you have a leaflet on outings?*
Vous avez une brochure sur les monuments ?	*Do you have a brochure on monuments?*
Vous avez un horaire des autobus ?	*Do you have a bus timetable?*

J'écoute ! Je lis !

SECTION B: La Compréhension

Exercice Un

1. You like visiting old buildings. Which of these signs would interest you?
    (a) Crêpes
    (b) Plage surveillée
    (c) Vieux château
    (d) Gare routière

2. You are looking for accommodation. Where will you **not** find it?
    (a) Auberge de jeunesse
    (b) Hôtel de ville
    (c) Camping
    (d) Gîte rural

3. Which sign tells you that parking is forbidden?
    (a) Parking gratuit
    (b) Stationnement interdit
    (c) Défense de fumer
    (d) Pont à péage

Exercice Deux

Unjumble these sentences.

1. une près il a piscine y d'ici
2. droit c'est à et continuez tout gauche
3. le sportif où centre vous s'il est plaît
4. la pardon Monsieur cherche je routière gare
5. avez dépliant monuments vous sur un les
6. à pont c'est droite traversez le et
7. troisième prenez rue à la gauche
8. ville une y il a banque dans la
9. juste la après c'est boulangerie
10. droite centre le après tournez à commercial

Exercice Trois

Read the following directions, then try and write in the names of the buildings on the map.

1. – Pour aller à l'église, s'il vous plaît ?
   – Allez tout droit, puis prenez la première rue à droite. L'église est sur la droite.

2. – Pardon, Monsieur, où est l'hôpital, s'il vous plaît ?
   – Continuez tout droit et l'hôpital est au bout de la rue. C'est un grand bâtiment gris, vous le verrez.

3. – Pardon, Madame, je cherche le cinéma ?
   – Le cinéma, alors, continuez tout droit et puis prenez la deuxième rue à gauche. Le cinéma est à gauche après la pharmacie.

4. – Pardon, Monsieur, il y a une poste près d'ici ?
   – Oui, allez tout droit, prenez la première rue à gauche, continuez jusqu'aux feux et puis tournez encore à gauche. Vous trouverez la poste à votre gauche.

5. – Pardon, Madame, est-ce que vous pouvez m'aider, je cherche le syndicat d'initiative ?
   – Oui, continuez tout droit, prenez la deuxième rue à droite et le syndicat d'initiative est sur la droite.

6. – Pardon, Monsieur, est-ce que la mairie est loin d'ici ?
   – Non, c'est à cinq minutes à pied. Vouz continuez tout droit, prenez la deuxième rue à droite et la mairie est sur la gauche. C'est facile à trouver, vous verrez le drapeau français.

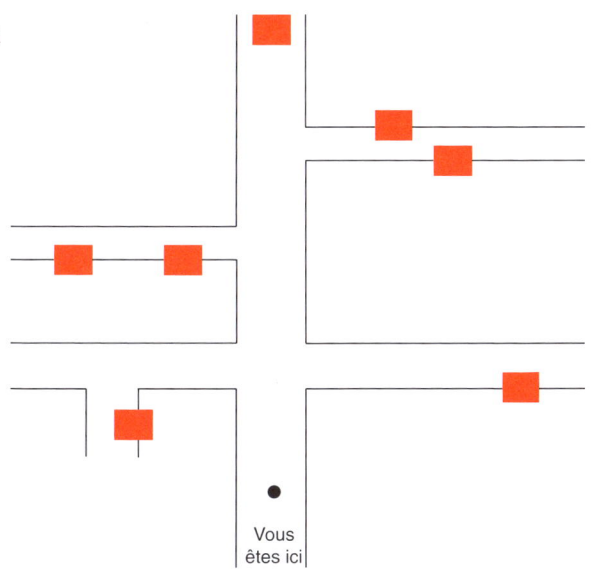

Vous êtes ici

J'écoute ! Je lis !

Exercice Quatre

CARTE MUSÉES–MONUMENTS

Valable 1, 3 ou 5 jours, la carte musées–monuments permet de visiter librement et sans attente 70 musées et monuments de Paris et d'Ile-de-France.

Avantages
- accès libre et prioritaire aux collections permanentes
- nombre de visites illimité
- possibilité d'achat à l'avance

Prix
- carte **1** jour : **10 €**
- carte **3** jours (consécutifs) : **20 €**
- carte **5** jours (consécutifs) : **30 €**

Points de vente à Paris
- musées et monuments participants
- Espace du Tourisme Ile-de-France (Carrousel du Louvre)
- principales stations de métro
- Office de Tourisme de Paris
- magasins FNAC

Attention
La carte n'inclut pas l'accès aux expositions temporaires, ni aux visites-conférences.
La majorité des musées :
- sont gratuits pour les moins de 18 ans
- accordent des tarifs réduits aux jeunes de 18 à 25 ans
- sont généralement fermés le lundi ou le mardi.

Avertissements
Les fermetures et gratuités exceptionnelles (grèves, jours fériés …) qui pourraient intervenir dans les établissements accessibles avec la carte n'entraîneront, ni le prolongement de la durée des cartes, ni le remboursement d'une ou plusieurs journées.

Musées : entrée gratuite le premier dimanche de chaque mois.
Monuments : entrée gratuite le premier dimanche de chaque mois du 1er octobre au 31 mai inclus.

TRUE FALSE

1. The museum pass can be purchased in advance. ❑ ❑
2. You can buy it at train and bus stations. ❑ ❑
3. Most museums are free for under-18s. ❑ ❑
4. Most museums are closed on Monday and Tuesday. ❑ ❑
5. You can visit monuments for free from 1 October to 31 May. ❑ ❑

Exercice Cinq

Mary Roche,
4 William St.
Freshford
Co. Kilkenny
Irlande

Kilkenny, le 13 mai

Syndicat d'Initiative,
Menton,
France

Monsieur/Madame

Nous avons l'intention de passer deux semaines dans un camping à Menton au mois d'août. Nous sommes deux adultes et deux enfants âgés de 8 et 10 ans.

Pourriez-vous nous envoyer des dépliants sur la région et une liste de campings ? Nous sommes très sportifs et nous voudrions également savoir quelles sont les possibilités de loisirs à Menton.

Veuillez agréer, Monsieur/Madame, l'expression de mes sentiments distingués.

Mary Roche

1. When do the Roche family intend going to Menton?
2. How many people are there in the family?
3. Name two things they ask the tourist office to send them.
4. What are they particularly interested in?

Exercice Six

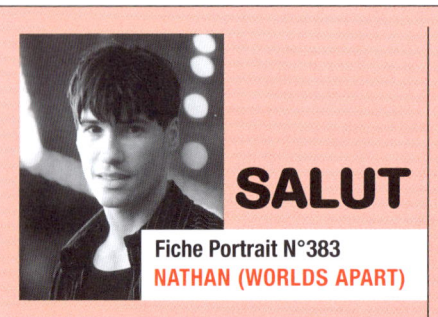

SALUT

Fiche Portrait N°383
NATHAN (WORLDS APART)

Nom : Moore.
Prénom : Nathan.
Né le : 10 janvier 1968
À : Londres, dans le quartier de Stamford Hill.
Signe astrologique : Capricorne.
Situation de famille : Nathan se dit célibataire, mais il partage sa vie avec Daisy … sa chienne ! Côté famille, il a quatre frères et sœurs (Teeda, Louie, Sebastiane et Liam). Son père, John, est dessinateur industriel, et sa mère, Christine, travaille dans un magasin.
Lieu de résidence : se partage entre Londres et Los Angeles.
Signe particulier : a une tache de naissance brune sur le côté gauche de son cou.
Principales qualités : est attentionné, déterminé, plutôt généreux et perfectionniste.
Principaux défauts : est possessif, bavard et quelquefois un peu trop autoritaire.
Il aime : la mode, le cinéma, la muscu, le ski nautique et la voile.
Il déteste : la solitude, les araignées, les huîtres, les atterrissages quand il prend l'avion, et se lever tôt !
Enfance : il la passe à Londres. Dès son plus jeune âge, Nathan se passionne pour la musique et le cinéma. Son cœur balance : quelle voie choisir ?
Parcours : à l'école, le jeune garçon monte des pièces de théâtre, et son temps libre, il le consacre au groupe *Palm Tree Club*, dont il fait partie avec sa sœur aînée. Quelques années plus tard, il devient le chanteur de *Brother Beyond*, qui remporte pas mal de succès en Grande-Bretagne. Quand, en 1989, le groupe se dissout, Nathan s'envole pour L.A. afin d'entamer une carrière solo et de tenter sa chance au cinéma. C'est ainsi qu'il suit des cours d'art dramatique à l'institut Lee Strasberg. En 1994, un coup de téléphone bouleverse sa vie : on lui propose de devenir le leader de *Worlds Apart*. Bien sûr, il accepte ! Le groupe se fait d'abord connaître en Allemagne avant de débarquer en France, en juin 1996, avec *Baby Come Back*. Depuis, Cal, Steve, Tim (qui a remplacé Schelim en octobre 1997) et Nathan enchaînent succès sur succès et font battre nos cœurs !
Actu : si ce n'est déjà fait, procurez-vous le nouvel album de vos chouchous, *Here and Now*. Une petite merveille … !

1. Who does Nathan share his life with?
2. How many brothers and sisters does he have?
3. What do his parents do for a living?
4. Name three of his qualities.
5. Name two of his faults.
6. Name two sports Nathan likes.
7. Name two things Nathan hates.
8. As a child what were his two hobbies?
9. Why did Nathan go to L.A. in 1989?
10. In what country did *Worlds Apart* first become famous?

Exercice Sept

Lorient, le 4 janvier

Chère Aoife,

Merci beaucoup pour ta dernière lettre et le joli cadeau que tu m'as envoyé pour Noël. J'adore l'écharpe et avec le temps qu'il fait ici en ce moment je crois que je vais la porter souvent. J'espère que tu as passé de bonnes vacances et que tu as reçu beaucoup de jolis cadeaux. Nous sommes allés chez ma grand-mère qui habite à Paris, pour une semaine et je me suis très bien amusée. J'ai acheté beaucoup de nouveaux vêtements dans les soldes et je suis sortie le soir avec ma cousine.

Tu m'as dit que tu dois faire un exposé sur la France pour ton cours de géographie. Eh bien, je vais te donner un peu d'information sur la région où j'habite : la Bretagne.

La Bretagne est la région la plus à l'ouest de la France. Elle s'avance dans l'océan Atlantique. Les villes de la côte vivent de la mer et attirent aussi beaucoup de touristes. Aujourd'hui, l'agriculture bretonne est très performante.

Les crêpes et le cidre sont des specialités de la région très connus. La crêpe se mange sucrée avec du beurre ou de la confiture ou salée avec du fromage râpé, du jambon, des légumes ou des fruits de mer. Il y a beaucoup de fêtes en Bretagne en été. Les pardons sont des fêtes religieuses qui ont lieu en été.

J'espère que tout ça t'aide un peu mais n'hésite pas de me téléphoner si tu as besoin d'autre chose. Dis bonjour à tes parents et ta soeur de ma part. J'attends avec impatience mon séjour chez toi à Pâques.

Amitiés,
Carole

1. What present did Aoife send Carole?
2. What did Carole do when she was in Paris?
3. Why is she sending Aoife information about Brittany?
4. Where is Brittany situated?
5. What might you put in a savoury crêpe?
6. When is Carole coming to visit Aoife?

J'écoute ! Je lis !

SECTION C: L'Ecoute

Exercice Un

Listen to the directions and follow them on the map. Then give the letter and place. The first one has been done for you.

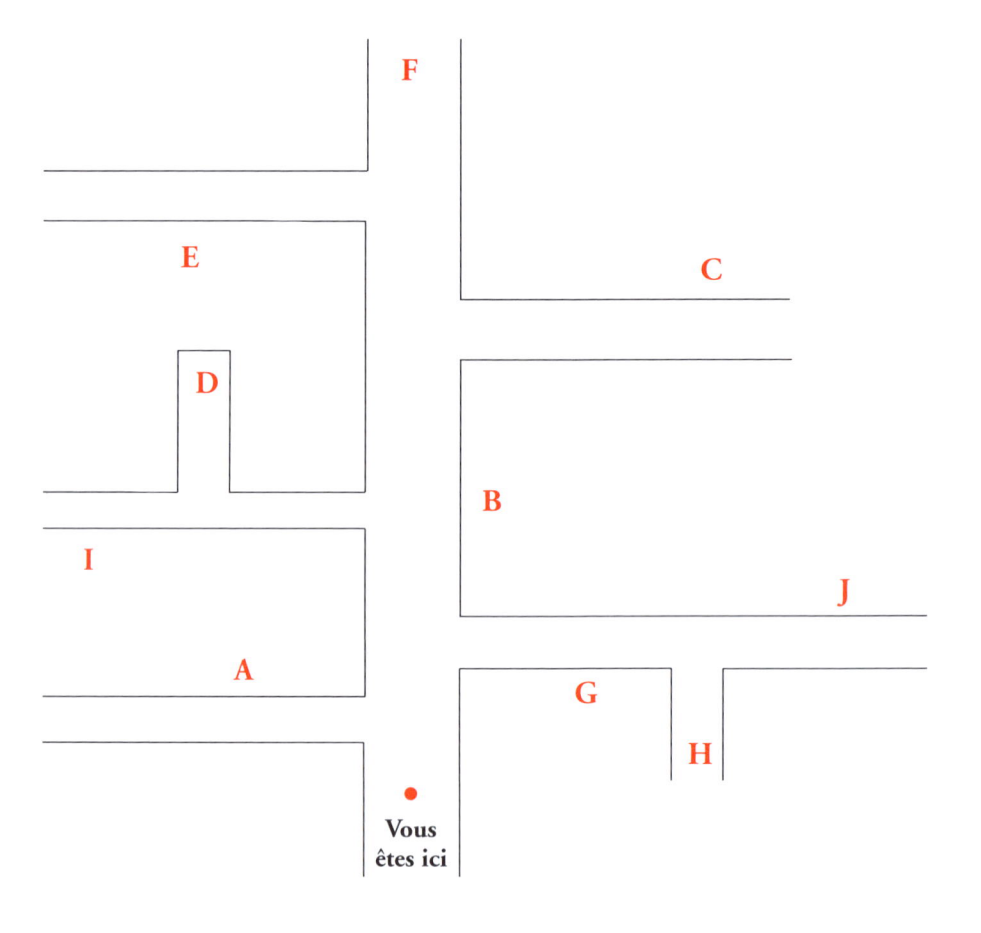

No.	Letter	Place	No.	Letter	Place
1.	C	Bakery	4.		
2.			5.		
3.			6.		

Exercice Deux

Four people talk about the towns that they are from.

1.   TRUE   FALSE

Concarneau is a fishing village.   ☐   ☐
It has four butcher's shops and two chemist's.   ☐   ☐
The 'Ville Close' dates from the fourth century.   ☐   ☐
In summer you can go swimming, sailing and diving.   ☐   ☐

2.   TRUE   FALSE

Nice is situated in the east of France.   ☐   ☐
It was an Italian town until 1870.   ☐   ☐
There is a five kilometre walkway along by the sea.   ☐   ☐
Every year there is a carnival which lasts two weeks.   ☐   ☐
Every day there is a flower and vegetable market.   ☐   ☐

3.   TRUE   FALSE

Trets is a village in Provence.   ☐   ☐
In the main street there is a town hall and a library.   ☐   ☐
There is a market every Tuesday.   ☐   ☐
In Trets there are a pool and two tennis courts.   ☐   ☐

4.   TRUE   FALSE

Lille is situated near the German border.   ☐   ☐
It is an industrial town.   ☐   ☐
It has over one million inhabitants.   ☐   ☐
In the old district there are cobbled squares
   and narrow streets.   ☐   ☐
Lille has a small sports centre with a pool and
   some tennis courts.   ☐   ☐

J'écoute ! Je lis !

Exercice Trois

Four people ask for directions.

1. Where are they going? _____

   Directions given: _____

   _____

2. Where are they going? _____

   Directions given: _____

   _____

3. Where are they going? _____

   Directions given: _____

   _____

4. Where are they going? _____

   Directions given: _____

   _____

SECTION D: L'Ecrit

As part of an exchange programme, your teacher has asked you to write a letter to Martin/Martine so that he/she will know what to expect when he/she comes to Ireland. Tell him/her
- something about the area where you live
- what you and your friends like to do at the weekend
- what food you eat in your house
- what school is like in Ireland
- some plans you have for when they come to visit
- that you will meet him/her at the airport.

Chapitre 14 — Des affiches et des annonces

SECTION A: Le Vocabulaire

In the Junior Certificate exam, section A of the reading comprehension deals with signs and notices that give you information or advise you about something. The words below are words that often appear in this section of the exam. Make sure that you know these words well.

Fermé	*Closed*
Ouvert	*Open*
Occupé	*Engaged*
Ne pas toucher	*Do not touch*
Défense de fumer	*Smoking forbidden*
Défense d'entrer	*No admittance*
Défense de stationner	*Parking forbidden*
Défense de marcher sur l'herbe	*No walking on the grass*
Renseignements	*Information*
Accueil	*Reception*
Buffet	*Dining area*
Consigne	*Left luggage*
Salle d'attente	*Waiting room*
Guichet	*Ticket desk*
Bureau des objets trouvés	*Lost property*
Sous-sol	*Basement*
Location de voitures	*Car rental*
Rayon alimentation	*Food department*
Essence	*Petrol*
Entrée interdite	*No entry*
Entrée gratuite	*Free entry*
Libre service	*Self-service*
Tarif réduit	*Reduced fare*
Passage interdit	*No thoroughfare*
Interdit aux chiens	*No dogs*

J'écoute ! Je lis !

Chien méchant	*Beware of the dog*
Escalier roulant	*Escalator*
Ascenseur	*Lift*
Accès aux quais	*To the platforms*
Avis	*Notice*
Essuyez vos pieds	*Wipe your feet*
Sonnez	*Ring the bell*
Petites annonces	*Small ads*
Places debout seulement	*Standing places only*
Toilettes des dames	*Ladies' toilets*
Toilettes des hommes	*Men's toilets*
A louer	*For rent/To let*
A vendre	*For sale*
Entrée	*Way in*
Sortie	*Way out/Exit*

SECTION B: La Compréhension

Exercice Un

1. Which sign tells you that you do not have to pay?
   - (a) Entrée interdite
   - (b) Entrée gratuite
   - (c) Tarif réduit
   - (d) Libre service

2. You wish to rent a car. Which sign would interest you?
   - (a) Rayon alimentation
   - (b) Vélos à louer
   - (c) Location de voitures
   - (d) Défense de stationner

3. Which sign tells you not to smoke?
   - (a) Fumeurs
   - (b) Défense de fumer
   - (c) Accueil
   - (d) Essuyez vos pieds

4. You are looking for an internet site which deals with horse-riding. Which of the following sites would you log on to?
   (a) www.voile.fr
   (b) www.patinage.fr
   (c) www.équitation.fr ☐
   (d) www.escalade.fr

Exercice Deux

Match the words to the correct picture.

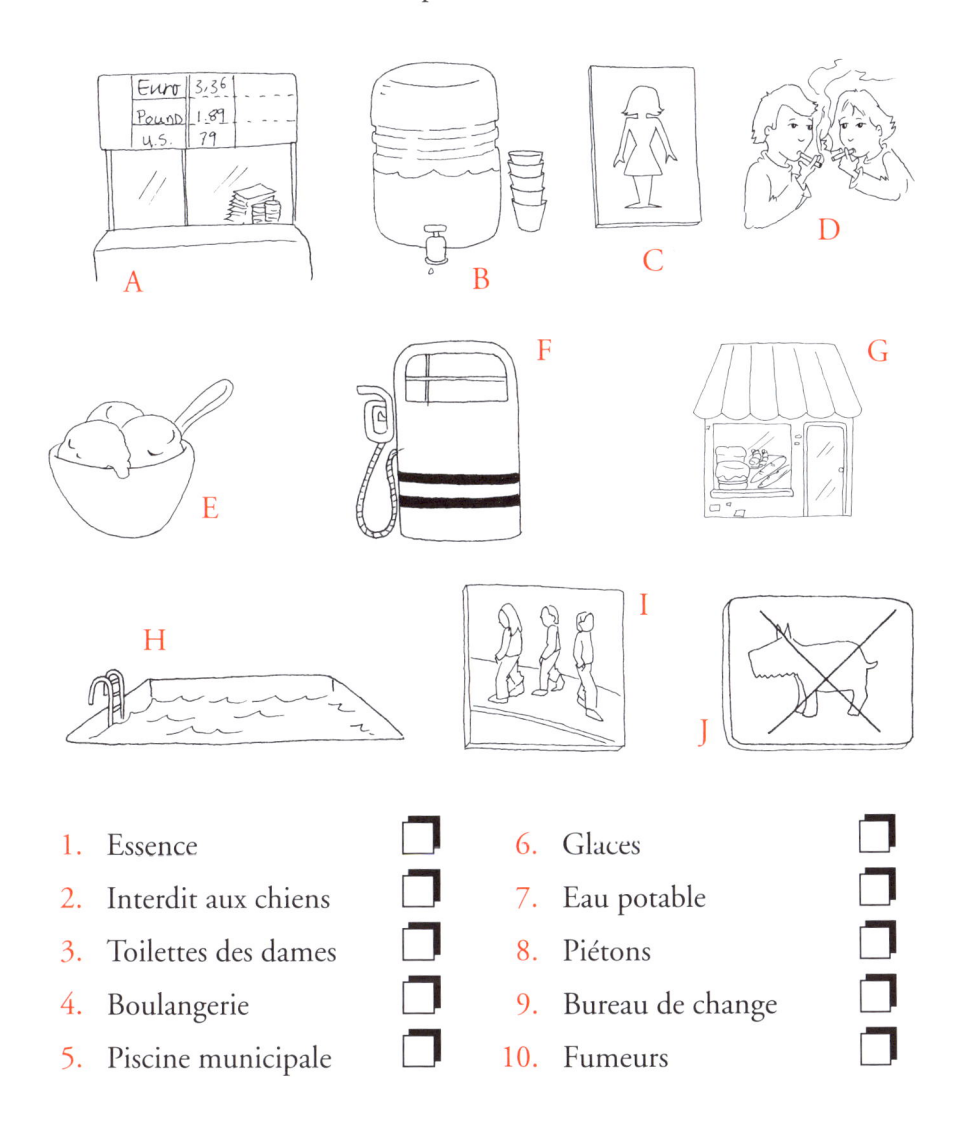

1. Essence ☐
2. Interdit aux chiens ☐
3. Toilettes des dames ☐
4. Boulangerie ☐
5. Piscine municipale ☐
6. Glaces ☐
7. Eau potable ☐
8. Piétons ☐
9. Bureau de change ☐
10. Fumeurs ☐

J'écoute ! Je lis !

Match up the number with the letter.

1. Renseignements ☐ A. Exit
2. Fermé ☐ B. Food department
3. Douane ☐ C. Launderette
4. Sortie ☐ D. Tickets
5. Laverie ☐ E. Information
6. Rayon vêtements ☐ F. Lift
7. Billets ☐ G. Boats for hire
8. Ascenseur ☐ H. Closed
9. Rayon alimentation ☐ I. Clothes department
10. Bateaux à louer ☐ J. Customs

Exercice Trois

1. What can you sell in *Le Figaro*?
2. What days can you place your ad?

Vendez votre voiture avec les Petites Annonces du Figaro du mercredi et vendredi

Les Petites Annonces du Figaro
01.56.52.80.00
e-mail: figaropa@publiprint.fr

Exercice Quatre

Perdus Trouvés

1 PERDU le 28 mai, chat roux très clair, yeux bleu vert (10 mois) mâle, nom 'Champagne'. Si l'avoir trouvé donner nouvelles ou récompense. Tél. 04.93.26.38.21

3 DISPARU Comps-sur-Artuby femelle labrador sable, 6 mois, tatouée YMN011, propriétaire famille BAIN. Tél. 04.94.76.90.06. Récompense.

4 PERDU le 9 juin, près de la gare, collier de perles. D'une valeur sentimentale. Tél. 04.92.25.26.11. Récompense.

2 RECOMPENSE 1.000 € pour la personne retrouvant la voiture volée : AUDI A6 AVANT TDI, marron gris métal, immatriculée 87-DT-KG (NL). Ce véhicule a été volé le 5/06/2006 à 15h à la station ELF de Cavalaire. Si vous avez des informations sérieuses concernant cette voiture appelez le 00.316.50.50.68.45. Tous les appels resteront confidentiels.

5 PERDU le 2 juin, portefeuille noir en cuir qui contenait une carte de retrait, des photos et une carte d'identité. Tél. 04.56.50.84.06. Récompense.

1. Describe the lost cat (3 points).
2. What does the amount €1,000 refer to?
3. Describe the lost dog (3 points).
4. (a) What has this person lost?
   (b) Where was this item lost?
5. Describe the wallet that was lost (3 points).

Exercice Cinq

LES OPPORTUNITÉS DU MOIS

S'ÉQUIPER À PETITS PRIX

Une véritable caverne d'Ali Baba ! Du sommier pour mieux dormir au meilleur bordeaux en passant par la dernière lampe en rotin, tout est à prix cassé, jusqu'à – 50 %. Service après vente irréprochable.
www.mistergooddeal.com

FAIRE DE LA GYM À DOMICILE

Si vous n'allez pas à votre prof de gym, c'est votre prof qui viendra à vous... Même au bureau ! Cours particuliers, fitness, massage... Et plein de conseils d'entraînement et de diététique.
www.objectif-forme.com

RETROUVER LE MONSTRE GENTIL

Non, non, Casimir n'a pas disparu. Suivez les derniers avatars du fringant trentenaire, collectionnez les objets à l'effigie du monstre gentil. Vous pouvez même le faire venir chez vous... ou au bureau !
www.casimirland.com

TOUT SAVOIR SUR LA SANTÉ

Pratique, éthique, sérieux, voilà un véritable magazine sur écran, qui vous accompagne dans votre santé au quotidien. Des enfants aux personnes âgées, chacun a ses rubriques.
www.e-sante.fr

FAIRE GARDER SON BÉBÉ

Yoopala propose un service de recrutement de baby-sitters personnalisé en fonction de votre ville, de votre besoin et de votre degré d'urgence. Sélection rigoureuse des candidats, service rapide et réactif 7j/7 et 24h/24.
www.yoopala.com

ACHETER DES LIVRES ANCIENS

Après avoir écumé tous le bouquinistes de la ville, impossible de trouver cette édition disparue de «Signe de piste» ? Véritable bibliothèque, avec ses ouvrages neufs et anciens, ce site cherche (et trouve) la denrée rare pour vous.
www.chapitre.com

What website would you log on to:
(a) to find a babysitter?
(b) to find a personal trainer?
(c) to find a book?
(d) to find out more about your health?

Exercice Six

HOROSCOPE LUNAIRE

BÉLIER
(21 mars – 20 avril)
Vous n'êtes pas le plus malchanceux … En amour, c'est vrai, ce ne sera pas le top. Cependant, certains célibataires feront quelques rencontres sympathiques. Au sein des couples, l'ambiance sera tendue mais pas meurtrière, rassurez-vous.

TAUREAU
(21 avril – 20 mai)
Côté sentiments, les choses bougeront énormément, et vous serez souvent submergé. Si vous vous laissez brûler par les feux de la passion, vous risquez de souffrir plus souvent qu'à votre tour. Pensez à l'avenir : raisonnez ! Au bahut, vous avez des idées, mais vous manquez un peu de tonus : remuez-vous !

GÉMEAUX
(21 mai – 21 juin)
Si vous êtes célibataire, vous ne rencontrerez peut-être pas l'amour de votre vie, mais vous charmerez et séduirez votre entourage. On vous trouvera de la classe et du style. Bref, vous en ferez craquer plus d'un(e), et en utilisant bien votre sex-appeal, vous deviendrez un vrai 'serial dragueur'.

CANCER
(22 juin – 22 juillet)
Si vous avez un coup de blues, ne restez pas enfermé dans votre mutisme. Décrochez votre portable et appelez vos potes : vous verrez, ils vous redonneront le sourire ! Du coup, dès la pleine lune, le charme, le romantisme et le succès seront au rendez-vous. Vous serez irrésistible.

LION
(23 juillet – 22 août)
Mars, planète du combat, vous rendra susceptible. Jouez la carte de la simplicité. Heureusement après la pleine lune vous serez plus cool. Vous déborderez d'énergie, vous sortirez beaucoup, et ce sera l'occasion rêvée pour faire des rencontres. Qui sait, l'amour fera peut-être son apparition …

VIERGE
(23 août – 22 septembre)
Il arrivera un moment où vous devrez freiner vos élans romantiques si vous ne voulez pas rentrer tout droit dans le mur ! Entre rêve et réalité, votre cœur balancera, mais réfléchir avant d'agir, telle devra être votre devise, car vous écouterez trop naïvement vos tendres désirs …

BALANCE
(23 septembre – 22 octobre)
Look sous contrôle, tenues sensuelles et colorées : chères Balance, vous célébrerez l'approche de l'été avec naturel et charme, et de nombreux regards convergeront dans votre direction. Au niveau relationnel, votre goût de jeu et de la séduction est prononcé depuis la nouvelle lune et vous pourriez bien trouver à qui parler …

SCORPION
(23 octobre – 22 novembre)
Méfiez-vous de votre caractère généreux et dépensier qui pourrait finir par vous piéger : quand vous gagnez un sou, vous en dépensez deux ! Vos parents ne verront pas cela d'un très bon œil, d'autant qu'en ce mois de juin Jupiter, planète de la chance et de l'argent, vous lâchera ! Evitez de passer devant vos boutiques préférées.

SAGITTAIRE
(23 novembre – 20 décembre)
Dans l'ensemble, l'ambiance sera plutôt pépère. Côté love, rien à signaler : restez sur vos positions jusqu'à ce que votre cœur vous donne un signal. Dans tous les domaines, vous vous laisserez porter par le courant sans avoir le sentiment de devoir agir.

CAPRICORNE
(21 décembre – 19 janvier)
Il semblerait que votre vie sentimentale soit devenue compliquée depuis la nouvelle lune … L'un(e) de vos ex ou celui (celle) de votre chéri(e) a resurgi pour vous tourmenter ! Vous qui êtes habituellement solide comme un roc pourriez bien vous révéler plus fondant qu'une barre de chocolat au soleil.

VERSEAU
(20 janvier – 18 février)
Entre Mercure (la communication), Vénus (l'amour) et Jupiter (la chance), juin vous promet un mois au top avec de très beaux moments à vivre. Pourquoi pas un coup de foudre réciproque, ou bien une lettre de félicitations de la part du directeur de votre collège ?

POISSONS
(19 février – 20 mars)
Vous êtes le roi du système D ! Votre débrouillardise en toutes circonstances est un atout majeur qui, en plus, attire la sympathie ! Vous passerez donc un mois de juin hyper cool, les doigts de pied en éventail. Par contre, en amour, soyez plus calme et cessez de prendre la tête à votre chéri(e).

1. Which star sign
   (a) should ring his/her friends?
   (b) may not meet the love of his/her life?
   (c) may get a congratulatory letter?
   (d) should be careful not to spend too much?
   (e) has a love life that is becoming complicated?

2. According to these horoscopes what two things is Jupiter the planet of?

J'écoute ! Je lis !

SECTION C: L'Ecoute

Exercice Un

Listen to three announcements.

1.   **TRUE   FALSE**

A little girl was found in front of the library.   ☐   ☐
She has long blond hair and blue eyes.   ☐   ☐
She is wearing jeans, a yellow jumper and a blue jacket. ☐   ☐
The information office is on the second floor.   ☐   ☐

2.   **TRUE   FALSE**

The little boy was found at the station.   ☐   ☐
He has brown hair and blue eyes.   ☐   ☐
He speaks English and French.   ☐   ☐
He is wearing a yellow T-shirt and green togs.   ☐   ☐
His parents can pick him up at the sailing school.   ☐   ☐

3.   **TRUE   FALSE**

Marie Dupont is looking for her school group.   ☐   ☐
They are visiting the museum.   ☐   ☐
She will meet them at the reception on the first floor. ☐   ☐

Exercice Deux

The Lost and Found Office

1. (a) Where was the handbag found?
   (b) Name three things that were in it.
   (c) Where is the Lost and Found Office situated?

2. (a) Describe what this lady has lost.
   (b) Where did she leave it?
   (c) What is her phone number?

Exercice Trois

You will now hear five advertisements. What products are they advertising? Fill in the grid.

No.	Product advertised
1.	
2.	
3.	
4.	
5.	

SECTION D: L'Ecrit

You are staying in your pen pal's house in France. While he/she is out you get a phone call from another friend asking if you want to go swimming. As you accept, you leave a note for your pen pal. Write a note in French and in it explain
- where you are going
- with whom
- what the time is now
- how you are going.

(J.C.O.L. 2000)

Chapitre 15 La mode et les médias

SECTION A: Le Vocabulaire

Conversations and comprehensions on fashion and the media appear frequently in the Junior Certificate French exam. Therefore it is advisable to be familiar with the following vocabulary as you will need it to understand dialogues in clothes shops and passages about films and movies stars.

La mode
Les couleurs

| blanc | orange | rouge | vert | noir |
| jaune | rose | bleu | brun | gris |

Les vêtements

- une casquette
- une chemise
- un pull
- une cravate
- une veste
- le pantalon
- les baskets
- le chapeau
- le collier
- le tricot
- le manteau
- la robe
- le sac à main
- les chaussettes
- les chaussures

146

Les accessoires

une écharpe	scarf (woolly)
un foulard	scarf (silk)
les bijoux (m)	jewellery
la montre	watch
la bague	ring
la boucle d'oreille	earring
le maquillage	make-up
les lunettes (f)	glasses
le sac à main	handbag
les gants (m)	gloves

Des expressions utiles

Je peux vous aider ?	Can I help you?
Je voudrais un pantalon.	I'm looking for trousers.
Je cherche cette robe en 38.	I'm looking for this dress in size 38.
Quelle est votre taille ?/Vous faites du combien ?	What size are you?
Je fais du 38.	I'm size 38.
C'est trop grand/petit.	It's too big/small.
Ça va bien.	It's fine.
Ça vous va très bien.	It suits you.
Je le/la prends.	I'll take it.
C'est trop cher.	It's too dear.
Je peux l'essayer ?	Can I try it on?
Je peux regarder ?	Can I look around?
porter un uniforme	to wear a uniform
à la mode	in fashion
démodé	out of fashion
s'habiller	to get dressed
Je m'habille comme je veux.	I wear what I want.
les vêtements chic	stylish clothes
la cabine d'essayage	the fitting room
en cuir	in leather
en laine	in wool
en coton	in cotton

J'écoute ! Je lis !

Les médias

un film romantique	*a romantic film*
un film comique	*a comedy*
un film d'horreur/d'épouvante	*a horror film*
un film d'aventure	*an adventure film*
un documentaire	*a documentary*
les informations/le journal télévisé	*the news*
les dessins animés	*cartoons*
les bandes dessinées	*comic strips*
les feuilletons/les séries	*soap operas*
les variétés/les programmes musicaux	*variety shows*
les spots publicitaires	*advertisements*
les émissions sur la nature	*nature programmes*
les jeux télévisés	*television game shows*
Je suis un(e) fervent(e) de la télévision.	*I am a fan of TV.*

SECTION B: La Compréhension

Exercice Un

Find the French words for the following items of clothing hidden in the square (horizontal, vertical, forwards and backwards).

JACKET	DRESS	COAT	CAP
SHIRT	SKIRT	CARDIGAN	HAT
TROUSERS	SHOES	JUMPER	TIE

P	A	N	C	H	E	M	I	S	E
S	E	R	U	S	S	U	A	H	C
E	T	S	E	V	E	S	R	O	H
T	T	F	R	P	U	L	L	G	A
A	E	N	O	L	A	T	N	A	P
V	U	E	B	R	E	R	P	A	E
A	Q	L	E	L	T	I	E	H	A
R	S	C	B	M	N	C	P	T	U
C	A	T	R	E	A	O	U	R	E
S	C	D	G	L	M	T	J	O	P

148

15 • La mode et les médias

Exercice Deux

Look at these six pictures and describe what the person in each picture is wearing.

149

J'écoute ! Je lis !

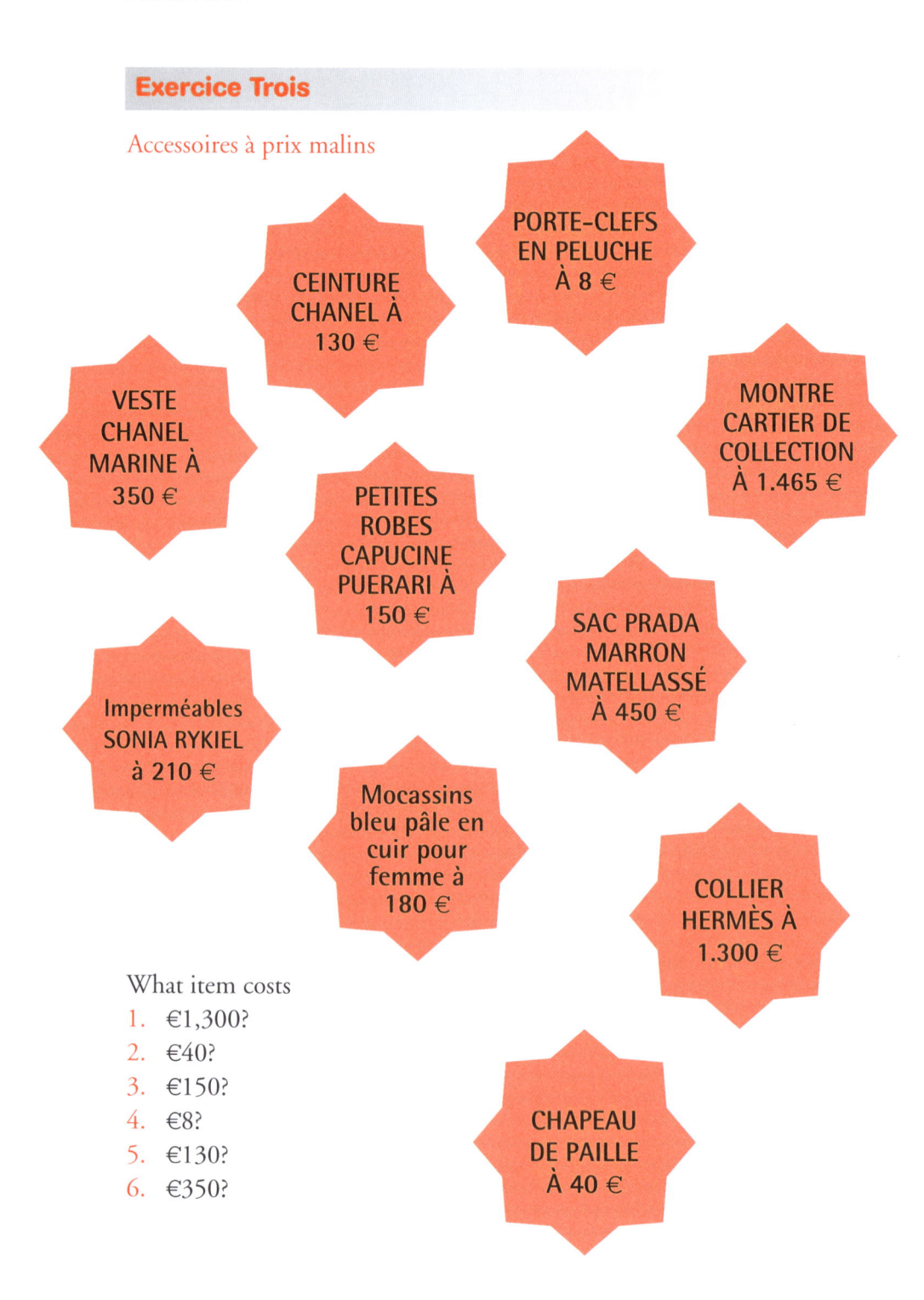

Exercice Trois

Accessoires à prix malins

CEINTURE CHANEL À 130 €

PORTE-CLEFS EN PELUCHE À 8 €

VESTE CHANEL MARINE À 350 €

MONTRE CARTIER DE COLLECTION À 1.465 €

PETITES ROBES CAPUCINE PUERARI À 150 €

SAC PRADA MARRON MATELLASSÉ À 450 €

Imperméables SONIA RYKIEL à 210 €

Mocassins bleu pâle en cuir pour femme à 180 €

COLLIER HERMÈS À 1.300 €

CHAPEAU DE PAILLE À 40 €

What item costs
1. €1,300?
2. €40?
3. €150?
4. €8?
5. €130?
6. €350?

Exercice Quatre

TROIS QUESTIONS A...

MIA FRYE

Elle est l'héroïne de *The Dancer*, réalisé par Fred Garson. Danseuse et chorégraphe, c'est son premier film en tant qu'actrice. Une expérience unique qui méritait bien quelques explications !

D'où viens-tu et quel est ton parcours ?

Je suis née à New York et je suis venue vivre en France à l'âge de 12 ans. J'ai toujours voulu être professeur de danse, pas comédienne ! Il y a quelques années, alors que je donnais des cours dans une salle à Paris, Luc Besson cherchait une chorégraphe pour le clip de Gainsbourg, *Mon légionnaire*. C'est ainsi que je l'ai rencontré. Par la suite, il m'a fait travailler sur *Nikita* et *le Cinquième Élément*.

Comment définirais-tu India, ton personnage ?

La danse est le seul moyen qu'elle ait de montrer sa joie de vivre, ses envies et ses désirs. Grâce à l'expérience menée dans l'histoire, elle va pouvoir communiquer autrement que par la danse. C'est un personnage sain, qui ne voit pas le mal et qui ne prend pas son handicap *(nous vous rappelons qu'elle est muette)* pour quelque chose d'horrible.

Quels souvenirs gardes-tu de cette expérience ?

J'ai appris la langue des signes et j'ai vécu pendant un an dans le monde des sourds. C'était quelque chose de très fort. Quant au tournage, cela représentait un gros investissement émotionnel ! Mais j'espère que je procurerais du plaisir aux spectateurs et qu'ils percevront le côté vivant de la danse d'une autre manière.

	TRUE	FALSE
1. Mia was born in America.	☐	☐
2. She always wanted to be a comedian.	☐	☐
3. She plays the part of a girl who cannot speak.	☐	☐
4. Mia lived with deaf people for a month.	☐	☐

Exercice Cinq

TF1

MARDI 13 JUIN

6.40	**TF1 INFO**	13.00	**LE JOURNAL**
6.45	Météo et à 8.25, 9.15, 10.15, 13.50	13.55	Les Feux D'Amour *Feuilleton américain*
6.50	TF Jeunesse – Salut les Toons – *Dessins animés*	14.45	Les Vacances D'Amour *Série française*
9.20	Chapeau Melon et bottes de cuir – *Série brittanique*	15.45	Sylvia Sylvia découvre que son voisin est malade.
10.20	Alerte Cobra *Feuilleton allemand*	16.45	La Loi est la Loi McCabe et Styles sont chargés d'enquêter sur une série de meurtres mystérieux.
11.15	Dallas – *Série americaine*	17.45	**FOOTBALL** Group C Espagne–Norvège
12.05	Tac O Tac TV	19.55	Hyper Net
12.50	A Vrai Dire – Les Voitures	20.00	**JOURNAL**

20.50 Disparue dans la nuit
TÉLÉFILM AMÉRICAIN
DE BILL L. NORTON (1996)
Rediffusion
Durée: 3 h 00
Cindy – **Shannen Doherty**
David – **Kevin Dillon**
John Waters – **Edward Asner**
Rob – **Billy Burke**
Debbie – **Jeanne Averill**

Dixie Carter, Shannen Doherty et Kevin Dillon

PREMIÈRE ET SECONDE PARTIES

Le sujet. Alors que ses parents dorment dans la chambre voisine, une fillette de 7 ans est kidnappée en pleine nuit. La police mène une enquête longue et difficile.
Si vous avez manqué le début. Au petit matin, lorsque Cindy et David se réveillent, ils s'aperçoivent que leur fille, Jacqueline, 7 ans, a disparu. C'est la panique. La porte de la maison est grande ouverte et une fenêtre de la cave a été brisée. La police songe d'abord à une fugue ou à un problème familial. Cindy suggère alors d'interroger Peter, son ex-mari, et le frère de celui-ci, Rob, atteint de troubles mentaux. Mais le premier purge une peine de prison en Floride et le second dispose d'un solide alibi. L'affaire fait la une des journaux. Bientôt, David accepte de se soumettre au détecteur de mensonges . . .

1. What is on at 6.50 a.m.?
2. What is *Alerte Cobra*?
3. What is the topic for discussion in *A Vrai Dire*?
4. At what time can you see a French series?
5. In today's episode of *Sylvia* what does she discover?
6. What must McCabe and Styles do in *La Loi est la Loi*?
7. What countries are playing at 17.45?
8. What time is the evening news on at?
9. In tonight's film where were the parents when their daughter was kidnapped?
10. What signs are there that someone broke into the house?

Exercice Six

CINE – LA GRANDE EVASION

Ados

ZOOM SUR LEUR PLANETE

Anita, 12 ans : «Les films qui font peur, je trouve ça génial.»

Aller au cinéma, c'est la fête. J'aime m'asseoir devant un grand écran, en avoir plein les yeux, être émue, rire. *Titanic*, je l'ai vu cinq fois sur écran géant et quatre fois en vidéo. Mais au cinéma, le plaisir est bien plus fort. Pour l'instant, j'y vais surtout avec mes parents et mes frères. On voit des films intelligents, comme *La vie est belle*, *Central do Brazil*, et après on en discute. Depuis cette année, j'ai le droit d'y aller avec mes frères et des copines. C'est une autre ambiance. Avant, je détestais les films qui font peur, mais depuis que j'ai vu *Sixième Sens*, je trouve ça génial, surtout parce que c'est interdit aux moins de 12 ans.

Julien, 15 ans : «J'y vais avec des copains qui aiment le bon cinéma.»

Moi, j'aime pas beaucoup les films fabriqués pour les ados. Il y a trop de battage autour. Tous les gars de ma classe se précipitent, mais ils n'ont aucun regard critique. Ils suivent la mode. Je lis *Première* et *Studio*, pour me tenir au courant des films qui vont sortir. Un bon metteur en scène, comme Martin Scorsese ou Quentin Tarantino, des bons acteurs, comme Al Pacino ou Samuel L. Jackson, et des actrices craquantes, comme Cameron Diaz ou Angelina Jolie, et surtout, surtout, une bonne histoire, voilà ce qui va me décider à voir un film. J'y vais en général avec une bande de copains et copines qui aiment le bon cinéma, comme moi.

Léa, 17 ans : «Il y a quinze salles au complexe géant, au moins on a le choix.»

Dès que des copines me parlent d'un film, j'essaie d'aller le voir. Comme j'habite à la campagne, ce n'est pas facile. Il y a bien un cinéma à 10 km de chez moi, mais il est tout pourri, avec deux vieilles salles et une programmation nulle. Avec mon copain et son frère, qui a le permis de conduire, on préfère aller à Grand-Quevilly, à côté de Rouen, au complexe géant. C'est à 30 km, mais là, on a le choix. Il y a au moins quinze salles, et puis c'est pratique, on peut déjeuner au McDo. Mes films préférés ? Les films d'horreur, comme *Scream 3*, et d'action, comme *Taxi 2*, que j'ai vu pendant les vacances.

Julia, 15 ans : «On choisit des films avec des acteurs qui nous plaisent.»

Le cinéma, c'est surtout un prétexte pour sortir avec mes copains et mes copines et m'évader de la réalité. On y a va le dimanche à 11 heures, parce que c'est moins cher, ou le mercredi en sortant du lycée. Après, on va déjeuner au McDo et on discute de nos scènes préférées. On choisit les films surtout pour les acteurs qui nous plaisent et aussi à cause du bouche à oreille. Par exemple, des copines m'ont dit du mal d'*Austin Powers 2* et de *La Plage* et, du coup, je n'y suis pas allée. Ce que j'aime surtout, ce sont les films qui font peur. J'adore sauter en l'air de trouille. Et puis ces films qui n'emportent pas l'adhésion de nos parents, ça nous permet de sortir de leur emprise. Une manière de dire qu'on se fiche de leurs conseils et de leur opinion.

1. What does Anita say about the film *Titanic*?
2. Why did she like the film *Sixth Sense*?
3. What type of film does Julien not like?
4. Name three things that would convince Julien to go and see a film.
5. Where does Léa live?
6. Describe the nearest cinema (2 points).
7. Why does she prefer the cinema in Grand-Quevilly?
8. When does Julia go to the cinema?
9. Why did she not go to see *Austin Powers 2* and *The Beach*?
10. What type of film does she like?

Exercice Sept

XL QUESTIONNAIRE

Après *Hurricane Carter*, Denzel Washington baisse la garde et fait les yeux doux à Milla Jovovich dans *He Got Game*, le 7 juin dans ton ciné. Entretien coup de poing.

DENZEL WASHINGTON

En toutes circonstances, Denzel rattrape la balle au bond.

Le monde s'arrête dans cinq minutes, que fais-tu ?
Si je ne le sais pas, je réponds à tes questions (*rires*). Sinon, je bois un bon verre de vin et je fume un cigare. Je suis un bon vivant, donc dans un tel cas, je m'autoriserais tous les excès.

Quel est ton mot préféré ?
Love. Oui, vraiment : amour.

Qu'est-ce qui te fait hurler de rire ?
Dieu sait que je ris beaucoup, parce que c'est la vie en général qui m'amuse. Les gens, ce qui se passe autour de moi, certaines situations. La vie quoi !

Qu'est-ce qui te fait peur ?
Mes enfants. Ils m'effraient parfois par ce qu'ils font. J'ai aussi très peur de ce qui peut leur arriver.

Ce qui t'énerve particulièrement ?
Que l'on s'acharne sur ma couleur, voulant m'associer à quelque chose. Je ne suis pas la figure de proue du cinéma 'black'. Je suis un acteur, c'est tout. S'il est un homme noir qui a révolutionné Hollywood, c'est Sidney Poitier. Pas moi.

Tombeur de ces dames ou plutôt du genre timide ?
On a beau dire qui je suis un sex-symbol, je n'ai pas réussi à embrasser Julia Roberts dans *L'affaire Pélican* ! Rien à faire, le scénario ne le permettait pas. Plaisanteries mises à part, je suis un homme marié et très heureux de son mariage.

Ta définition du manque de chance ?
Rater l'occasion quand on a vraiment travaillé pour réussir. Etre fin prêt pour un événement et rater l'unique possibilité de le concrétiser.

Si tu avais été une femme, qu'est-ce que tu aurais fait ?
Sans aucun doute, exactement la même chose : actrice. Maman ? Je ne sais pas, peut-être... Qu'est-ce que ça fait d'être maman ?

Ton plat préféré ?
Ouahou ! Il y en a tellement. Si je suis en France, je me jette sur le foie gras. Sinon, j'adore le poulet frit de ma femme.

Que te répétait tout le temps ta maman ?
Reste simple. Quelque temps après mes débuts, je lui dit fièrement que l'on

J'écoute ! Je lis !

commençait à me reconnaître dans la rue. Elle m'a alors demandé de laver les vitres du salon. Du genre, garde les pieds sur terre mon fils !

Le premier disque que tu as acheté ?
Je n'en suis pas sûr, mais je crois que c'était un album des Beatles. Celui où ils étaient tous les quatre sur une pochette bariolée. Tu ne t'en souviens pas ? Evidemment, non . . .

Ta dernière folie ?
Plutôt une connerie. En sortant de boîte, j'ai piloté à grande vitesse une Porsche sur les Champs-Elysées !

Chez toi, que voit-on de la fenêtre ?
Des kilomètres et des kilomètres de paysages à perte de vue. J'habite dans les collines de Los Angeles et je surplombe toute la ville. On voit jusqu'à l'île qui est en face. C'est magnifique.

Que te reprochent tes amis ?
Mon impatience ou mon mauvais caractère. Si, si, c'est vrai : si je n'aime pas quelqu'un, ça se voit tout de suite.

Si tu pouvais récupérer un don surnaturel, lequel serait-ce ?
J'ai toujours rêvé de voyager dans l'espace. Monter dans un vaisseau et aller voir ce qui se passe ailleurs, comme dans les films de science-fiction.

Quel est le personnage vivant ou disparu que tu aimerais ou aurais aimé rencontrer ?
Marvin Gaye ! D'ailleurs, j'adorerais l'incarner au cinéma. Le rôle de Mohammed Ali ? Ah, non merci. Qui saura faire aussi bien que lui ? C'est trop tôt et trop énorme.

Ton objectif ?
Continuer comme ça. Je me moque de gagner quelques millions de plus. Le véritable argent, c'est Bill Gates and Co. Et puis de toute manière, je ne saurais même pas quoi en faire. J'ai des goûts très simples. Je ne m'offre pas de bijoux ou de vêtements particuliers. Je pourrais peut-être acheter une autre Porsche *(rires)*.

Une fée te propose de changer quelque chose en toi. Que choisis-tu ?
Eh bien, j'aimerais apprendre la patience. C'est une qualité dont je suis totalement dépourvu.

1. If Denzel knew that the world was going to end in five minutes, what would he do?
2. What frightens him?
3. What does he say about his marriage?
4. Name one of his favourite meals.
5. What advice has his mother given him?
6. What can he see out of the window of his home?
7. What does he dream of doing?
8. If he could change one thing about himself what would it be?

SECTION C: L'Ecoute

Exercice Un

Anne and Miriam discuss their plans for the weekend.

1. Where are Anne and Miriam going on Saturday?
2. What is Anne's problem?
3. Describe what Miriam is going to wear.
4. Give one reason why Anne does not want to wear her black skirt.
5. What does she finally decide to wear?
6. What does Miriam want to do on Saturday morning?
7. Where do they decide to meet on Saturday?

Exercice Deux

Listen to two news announcements.

1.
                                            TRUE FALSE

	TRUE	FALSE
The girl disappeared yesterday at around seven.	☐	☐
She had gone out to buy milk for her mother.	☐	☐
She was wearing a green skirt, a white blouse and a blue jacket.	☐	☐
She has long blond hair and blue eyes.	☐	☐
The telephone number of the police station is 34 45 32 67.	☐	☐

2.

	TRUE	FALSE
The hold-up happened yesterday morning.	☐	☐
Two armed men got away with €400,000.	☐	☐
The first man was quite tall with short brown hair.	☐	☐
He was wearing jeans and a black shirt.	☐	☐
The second man was 1 m 60.	☐	☐
He was wearing a check shirt and black trousers.	☐	☐

J'écoute ! Je lis !

Exercice Trois

Jeanne discusses her day in town with her mother.

1. Name two things Jeanne did in town.
2. What did she buy in town?
3. How much did it cost?
4. When does she plan on wearing it?

Exercice Quatre

Three people talk about themselves. Fill in the information below.

1. Name: Claudine

   Birthday:

   No. of brothers and sisters:

   Two favourite sports:

   Favourite television programmes:

   When does she go the cinema:

2. Name: Michel

   Languages spoken:

   No. of brothers and sisters:

   Subject he dislikes:

   Future career:

   Favourite type of film:

3. Name: Marc

   Age:

   Ages of his daughters:

   Profession:

   Favourite pastimes (two):

   Favourite TV programmes:

SECTION D: L'Ecrit

Your French pen friend Alexandre/Anne-Marie has sent you a present for your birthday in May. In your letter of reply
- thank him/her for the present
- say how you spent your birthday
- tell him/her about the new clothes you bought for your birthday
- ask your pen friend about his/her plans for the summer
- send your regards to his/her family.

(J.C.H.L. 2000)

Chapitre 16 — Les messages

SECTION A: Le Vocabulaire

In the written expression section of the Junior Certificate you will have to write a message or a postcard. In the listening comprehension section the first part of the tape usually consists of short telephone messages. The following vocabulary and phrases will help you tackle these two questions.

Expressions au téléphone

Je peux parler à Anne, s'il vous plaît ?	*Can I speak to Anne, please?*
Je suis désolé mais Anne n'est pas là en ce moment.	*I am sorry but Anne is not here at the moment.*
Qui est à l'appareil ?	*Who is speaking?*
C'est Marie.	*It's Marie.*
Je peux prendre un message ?	*Can I take a message?*
Un instant, je te le/la passe.	*One moment, I'll put you through to him/her.*
C'est occupé.	*It is engaged.*
Je suis bien chez Monsieur Harmant ?	*Is this Mr. Harmant's?*
Vous n'avez pas le bon numéro.	*You have the wrong number.*
Voulez-vous laisser un message ?	*Would you like to leave a message?*
Un instant, s'il vous plaît.	*One moment, please.*
Il/elle sera de retour dans une heure.	*He/she will be back in an hour.*
Voulez-vous rappeler plus tard ?	*Would you like to phone back later?*
Je rappellerai dans une heure.	*I will phone back in an hour.*
Je te donne le numéro de mon téléphone portable.	*I will give you my mobile number.*

Les petits mots

Je te laisse ce petit mot.	*I'm leaving you this note.*
Je t'envoie ce message par fax/e-mail.	*I'm sending you this message by fax/e-mail.*
Je m'excuse de ne pas pouvoir te rencontrer.	*I'm sorry I'm not able to meet you.*
Tu veux venir avec nous ?	*Do you want to come with us?*
Ça te dit de nous accompagner ?	*How about coming with us?*
Nous nous rencontrerons à trois heures.	*We are meeting up at three o'clock.*

Je serai de retour avant minuit.	*I will be back by midnight.*
J'espère être de retour la semaine prochaine.	*I hope to be back next week.*
Je te passe un coup de fil ce soir.	*I will ring you this evening.*
Je promets de te contacter bientôt.	*I promise to contact you soon.*
La télévision est en panne.	*The television is broken.*
Le lave-vaisselle ne marche pas.	*The dishwasher is not working.*
Il y a une boum chez Paul.	*There is a party in Paul's house.*
Ma mère est malade.	*My mother is sick.*
Monsieur Harmant veut que tu lui téléphones.	*Mr. Harmant wants you to phone him.*
Je suis désolé.	*I am sorry.*
Je serai en retard.	*I will be late.*
Je veux emprunter …	*I want to borrow …*
Peux-tu me prêter … ?	*Could you lend me … ?*
A la prochaine fois !	*Until the next time!*
Amitiés	*Best Wishes*

SECTION B: La Compréhension

Exercice Un

Match the words to the pictures.

1. Lavage voitures 6 €
2. Rond-Point à 200 m
3. Quais 1–10
4. Gare routière
5. Consigne automatique
6. Confiserie
7. Fraises 2,50 €
8. Route glissante
9. Eglise
10. Chauffage électrique

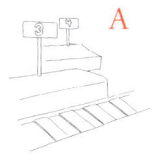

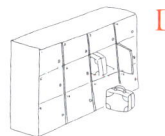

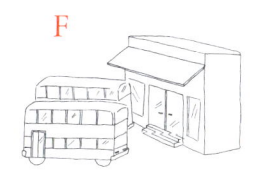

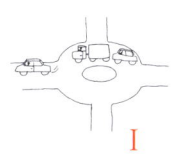

J'écoute ! Je lis !

Match the numbers to the letters.

1. Chariots
2. Légumes
3. Timbres
4. Accueil
5. Meubles
6. Sortie de secours
7. Gendarmerie
8. Salle d'attente
9. Bricolage
10. Cadeaux

A. Vegetables
B. Furniture
C. Reception
D. Stamps
E. Waiting room
F. Shopping trolleys
G. Gifts
H. DIY
I. Emergency exit
J. Police station

Exercice Deux

Read the following messages and answer the questions which follow.

> Françoise,
> Marie vient de téléphoner. Elle va en ville cet après-midi pour acheter une nouvelle robe. Veux-tu l'accompagner ? Téléphone-lui au 56.77.21.34.
> Maman

1. Where is Marie going and when?
2. Why is she going there?

> Marie,
> Julie est passée par ici pendant que tu étais à la bibliothèque. Elle a emprunté ton livre de chimie pour faire ses devoirs. Elle te rendra le livre demain matin à l'école.
> Maman

1. Where was Marie when Julie called?
2. Why did Julie call?

16 • Les messages

> Pierre,
>
> Je suis désolé mais je ne peux pas venir chez toi demain comme prévu. Mon grand-père est malade et mon frère et moi allons lui rendre visite demain. Si tu veux, tu pourras venir chez moi ce soir et on peut écouter des disques.
>
> A bientôt,
> David

1. Why can David not go to Pierre's tomorrow?
2. What does he suggest instead?

> Alain,
>
> Je suis passé chez toi à 15h mais tu étais sorti. Je te laisse ce petit mot pour te dire que je vais aller au stade ce soir avec Thomas, mon correspondant irlandais. Nous allons voir le match Marseille-Monaco. Tu veux nous accompagner ? Nous nous rencontrerons à six heures devant la mairie.
>
> A tout à l'heure,
> Benoît

1. Where is Benoît going and with whom?
2. Where and when will they meet up?

> Madame,
>
> Pendant que je gardais les enfants, votre mari a téléphoné à 19h. Il a dit qu'il sera en retard ce soir parce qu'il a un pneu crevé. Il va vous téléphoner à 20h.
>
> Pauline

1. What was Pauline doing when the lady's husband rang?
2. Why will he be late this evening?

> Maman,
>
> Je vous laisse ce petit mot pour vous dire que le plombier a téléphoné. Il viendra demain vers 11h pour réparer la machine à laver. Je vais me coucher maintenant.
>
> A demain,
> Nicolas

1. Who telephoned?
2. Where is Nicolas going now?

J'écoute ! Je lis !

Exercice Trois

Occelli

Propriétaires, votre bien dans le monde entier
via Internet dans la journée !
http://www.nicematin.fr/occelli.risso@cote-dazur.com
04.92.00.78.78

MUSICIENS
46m², bel immeuble Arts Déco, calme, traversant, ensoleillé.   **04.97.03.83.83**

CIMIEZ
3 pièces, 97m², étage, terrasse, parfait état, Sud, séjour double, garage.
04.92.00.78.78

NICE
Superbe résidence, grand standing, 95m², étage, parking, terrasse.
04.92.00.78.78

CHAMBRUN
Adorable 3 pièces, dernier étage, ascenseur, terrasse panoramique, parking en sous-sol.   **04.92.00.78.78**

VILLEFRANCHE SUR MER
Dans un havre de paix et de verdure, individuelle 150m², terrain 3800m².
04.97.03.83.83

BELLET
Superbe villa 5/6 pièces, vue mer panoramique, 2 niveaux, frais réduits, piscine, terrain 2500m².
04.97.03.83.83

What number would you ring if you wanted a property
1. that has a lift?
2. that gets the sun?
3. that has a view of the sea?
4. that has underground parking?
5. that is in peaceful surroundings?
6. that is in perfect condition?

Exercice Quatre

Faites le bon numéro
Sur mesure

7 JOURS SUR 7

C'est à
PORT FRÉJUS OUEST

S.A. VAGNEUR

449, boulevard de la Mer
CONCESSIONNAIRE **Tél. 04.94.51.81.31**

- LOCATION CONTENEURS DECHETS – GRAVATS
- LOCATION W.-C. CHIMIQUES AUTONOMES
- ASSAINISSEMENT: curage, débouchage, vidange fosse septique

INSPECTION VIDEO –
INTERVENTION 24H/24 –7J/7
Carrière des Grands Caous –
04.94.83.84.21 – Fax 04.94.83.84.30

ALLÔ DÉPANNAGE

SATAC RENAULT ASSISTANCE

*24h/24 – 365j/an. 80% des dépannages sur place + GPL
Agrément assurances*
FRÉJUS – Tél. 0800.05.15.15 ou
RENAULT **04.94.44.55.59**

ÇA DÉMÉNAGE

Tout en Carton

TOUT pour L'EMBALLAGE

Vente et location aux particuliers

FRÉJUS – Tél. 04.94.51.48.94

ACCORDEM
7 jours/7

Déménagements – Garde-meubles en conteneurs

Fréjus   Puget-sur-Argens
Tél. 04.94.51.09.25   Tél. 04.94.45.26.44

PROPRE ET NET

CLEAN SALON ART
*Recoloration salons cuir –
Nettoyage Tissu et Tapis*
DEVIS GRATUIT – ROQUEBRUNE-SUR-ARGENS – TEL. 04.94.40.08.25

ALPHA SOLS
Terre cuite – Plage piscine – Ponçage marbre – Moquette – Rénovation
Fréjus 04.94.52.21.82 –
06.03.83.09.09

QUI LOUE QUOI?

National / citer

VOUS VOULEZ LOUER UN VEHICLE
Informations & Réservations
Avenue André Léotard 83600 FRÉJUS
– Tél. 04.94.40.27.89 –
Fax 04.94.40.27.70

HUGON location

**LOCATION DE MATERIEL
1000 outils et machines**

Professionnels et particuliers

Saint-Raphaël 04.94.40.51.51

A DOMICILE

MIROITERIE du GOLFE – BERTRAND
Pose à domicile – Remplacement de casse – Tous travaux de miroiterie, vitrerie, Alu, PVC, film solaire, double vitrage – Devis gratuit – Encadrements Beaux-Arts
**53, av. Gal-Leclerc –
ST-RAPHAEL – 04.94.95.08.29 –
04.94.52.39.30**

J'écoute ! Je lis !

RENOVbAIN *25 ans d'expérience* – 15 AGENCES RÉNOVATION SANITAIRE SANS DÉMONTAGE RÉPARATION A CHAUD D'ÉCLATS D'ÉMAIL *Déplacement Var et Alpes-Maritimes* La Garde – Tél. **04.94.75.44.98** Fax **04.94.75.24.24**	**QUOI DE NEUF?** **FADIS PEINTURE** Tél. **04.94.50.60.44** *ÉTANCHÉITÉ – RAVALEMENT DE FAÇADES – SOLS – PEINTURES INTÉRIEURES – DÉCORATION* **Particuliers – Administrations – Sociétés et hôtels** DEVIS GRATUITS
VOG COIFFURE FÉMININ – MASCULIN *Du lundi au samedi, 9 heures-19 heures* Fréjus – Tél. **04.94.53.32.45**	**CÔTÉ COUR – CÔTÉ JARDIN** **Sébastien CRISCI TERRASSEMENT** Parcs et jardins Fréjus – Tél/Fax **04.94.40.81.69** Port. **06.10.25.36.01**

What number would you ring if you wanted
1. to rent a car?
2. to move house?
3. to get your hair cut?
4. to paint your house?
5. to install a pool?
6. to get your garden landscaped?

Exercice Cinq

Conseils

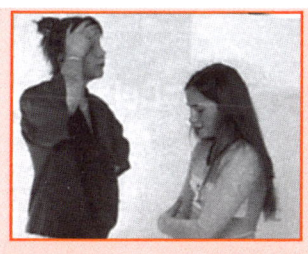

Que faire

Les enfants posent souvent des petits problèmes auxquels on ne sait pas toujours comment répondre.

... Mon fils de 4 ans a peur du noir

La peur du noir est une expérience effrayante pour un petit enfant. Il ne faut donc pas la prendre pour un caprice, un manque de courage ou de caractère, et la traiter à la légère. L'obscurité est source d'angoisse. On s'y sent sans défense ni protection. Même les adultes ont parfois peur du noir...

... Mon fils de 7 ans ne veut pas aller en colonie de vacances

Qu'est-ce qu'on va en faire pendant tout l'été ?

A part les séjours chez les grands-parents, les colonies de vacances viennent à la rescousse des parents qui travaillent. Problème : les enfants ne sont pas toujours enthousiastes.

... Ma fille de 14 ans veut sortir le soir

Passée la première réaction de surprise, analysez froidement la situation. Votre décision ne doit dépendre ni de votre bonne ou mauvaise humeur, ni de votre désir de passer pour une mère 'sympa' ou, au contraire, sévère, mais de la maturité de votre fille et de la confiance que vous lui faites.

... Mes enfants (5 et 9 ans) passent leur temps à se chamailler

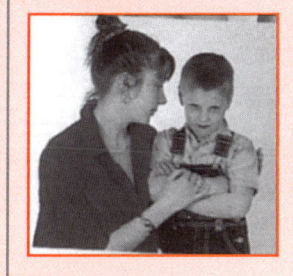

Vous rêviez d'une famille harmonieuse et peut-être même avez-vous décidé d'avoir des enfants rapprochés pour qu'ils jouent ensemble. Seulement voilà : pas un jour où ils ne se disputent. A la longue, c'est usant !

What are the four problems talked about here?

No.	Problem
1.	
2.	
3.	
4.	

J'écoute ! Je lis !

Exercice Six

Qui est J. K. Rowling ?

Vous êtes des millions à être passionnés par les aventures d'Harry Potter, mais connaissez-vous son auteur ? Joanne Kathleen Rowling est née en 1967 au pays de Galles. Elle a suivi des études à l'université d'Exeter et à Paris. Elle est diplômée en langue et littérature françaises. C'est en 1990 qu'elle a l'idée du personnage d'Harry Potter et de cette école de magiciens. Après la naissance de sa fille, Jessica, et son divorce, Joanne se retrouve dans une situation difficile. Pourtant, la suite ressemble à un conte de fées. Le premier volume, *Harry Potter à l'école des sorciers*, est traduit en trente langues et se vend à dix-huit millions d'exemplaires ! Aujourd'hui, J. K. Rowling est l'une des femmes les plus riches de Grande-Bretagne. Elle vit à Edimbourg, à l'abri des médias et du succès étourdissant de ses livres. Elle prépare les tomes 6 et 7, en jurant que ce seront les derniers !

1. Where was J. K. Rowling born?
2. When did she go through a difficult patch?
3. How many languages has *Harry Potter* been translated into?

SECTION C: L'Ecoute

Exercice Un

Five people make a phone call. Are they phoning

A – with an invitation?   B – with an apology?   C – to ask a favour?

Write the correct letter (A, B or C) into the box.

1. ☐   2. ☐   3. ☐   4. ☐   5. ☐

Exercice Deux

Listen to five telephone conversations, then answer the questions.

1. (a) When does Mme Boucher need a babysitter?
   (b) Where are they going?
   (c) Why can Jeanne not babysit?
   (d) Who does she say will do it instead?

2. (a) Who is Mme Harmant telephoning?
   (b) What message does she leave?

3. (a) When did Mme Garnier put petrol in the car?
   (b) Where has she broken down?
   (c) What type of car is it?
   (d) When will the garage come to help her?

4. (a) What has this lady lost?
   (b) Where does she think she lost it?
   (c) Describe the object (3 points).
   (d) What is the lady's telephone number?

5. (a) What did this lady buy?
   (b) When did she buy it?
   (c) What is the problem with the item?

J'écoute ! Je lis !

Exercice Trois

Listen to four messages being read out and answer the questions.

1. (a) When did Frank call?
   (b) Where is he inviting David to?
   (c) Where and at what time will they meet?

2. (a) Where was Marie supposed to be going?
   (b) Why is she unable to go?

3. (a) When did Sophie call?
   (b) What does she ask Philippe?

4. (a) When is the party in Anne's?
   (b) What are they celebrating?
   (c) What does Anne also ask Michelle?
   (d) What is Anne's telephone number?

SECTION D: L'Ecrit

A French girl, Isabelle, is staying with your family as part of a school exchange. One Saturday morning you have to go out before Isabelle gets up. Leave a note for her on the kitchen table. In your note say
– that you have gone to the swimming pool with your friends
– that you will be back before one o'clock
– that you are going to see a film in the afternoon and ask her if she would like to go as well.

(J.C.H.L. 2001)

Chapitre 17   Des réservations

SECTION A: Le Vocabulaire

Restaurants and hotels are the focus of this chapter. This vocabulary is very important for your Junior Certificate exam but will also be useful if you go on holidays to France. You should now revise the vocabulary from Chapter 6 on food so that you can order a meal in a restaurant.

Des questions

Avez-vous des lits pour ce soir ?	*Do you have a room for tonight?*
Avez-vous une chambre pour deux personnes ?	*Do you have a room for two people?*
C'est combien la nuit ?	*How much is one night's stay?*
Est-ce que le petit déjeuner est compris ?	*Is breakfast included?*
C'est pour combien de nuits ?	*For how many nights?*
Vous êtes combien ?	*How many people?*
Où sont les toilettes ?	*Where are the toilets?*
Où est-ce que je peux téléphoner ?	*Where can I make a phone call?*
Vous avez choisi ?	*Have you made a choice?*
C'est quoi, le plat du jour ?	*What is the dish of the day?*
Vous êtes prêt à commander ?	*Are you ready to order?*
Vous avez une table de libre ?	*Do you have a table?*
Qu'est-ce que vous prenez ?	*What would you like to have?*
Qu'est-ce que vous voulez pour commencer ?	*What would you like to start?*
Vous avez terminé ?	*Have you finished?*

Des expressions

remplir une fiche	*to fill in a form*
une chambre d'hôtel	*hotel room*
louer/réserver une chambre	*to book a room*
une chambre avec douche	*a room with a shower*
une chambre avec salle de bains	*a room with a bathroom*
une chambre à deux lits	*a twin room/room with two beds*
une chambre avec pension	*a room and board*
un grand lit	*a double bed*

J'écoute ! Je lis !

faire les valises	*to pack one's bags*
service compris	*service included*
au premier étage	*on the first floor*
une boîte de nuit	*a nightclub*
boire du vin	*to drink wine*
boire de l'eau	*to drink water*
une table non-fumeurs	*a non-smoking table*
L'addition, s'il vous plaît !	*The bill, please!*
Défense de fumer	*Smoking forbidden*
Bon appétit !	*Enjoy your meal!*
L'hôtel est complet.	*The hotel is full.*
Voilà votre clé.	*Here is your key.*
Je vais prendre …	*I will have …*
Je voudrais …	*I would like …*

Les menus

la carte	*menu*
les entrées	*starters/first course*
le potage/la soupe	*soup*
le plat principal	*main course*
le plat du jour	*dish of the day*

SECTION B: La Compréhension

Exercice Un

Unjumble the following questions.
1. vous une pour personnes chambre deux avez ?
2. êtes à commander vous prêt ?
3. une de avez libre vous table ?
4. remplir pouvez cette vous fiche ?
5. est une nuit ce boîte qu'il de y a ?
6. pour nuits c'est combien de ?
7. pour qu'est-ce vous commencer que voulez ?
8. le jour c'est plat quoi du ?
9. une non-fumeurs vous table avez ?
10. est-ce petit est déjeuner que le compris ?

Exercice Deux

> **ATTENTION**
>
> LA PORTE D'ENTREE EST FERME DE 1H A 6H. SI VOUS PENSEZ RENTRER TARD, N'HESITEZ PAS A DEMANDER UNE CLE DE LA PORTE A LA RECEPTION.

What is this sign warning you about?

Exercice Trois

LES BONNES TABLES

Chez Jenny

Bouillabaisse, grillades au feu de bois. Terrasse ombragée. Mariages, banquets. Fermé mardi soir et mercredi. Bd du Temple
Tél. 04.94.54.39.00

La Lorraine

Réouverte cet été, la brasserie vous accueille dans son nouveau style art déco, très lumineux, dans les tons jaune orangé. Des plats de terroir et un impressionnant banc de fruits de mer.
Carte : environ 55 €
Place des Ternes
Tél. 04.96.21.22.00

Le Lagon

Viandes, salades, pizza, pâtes. Vente à emporter. Ouvert 7 jours sur 7 midi et soir. Repas groupes.
Menus 15 €, 20 € et 25 €.
Plages Mourillon
Tél. 04.94.42.29.29

Le Voltaire

La famille Picot préside aux destinées de cette maison depuis trois générations. Dîner dansant tous les samedis soirs 30€. Dansez le jeudi et le vendredi soir gratuitement. Salle climatisée.
Quai Voltaire
Tél. 04.94.34.92.87

Restaurant le Sud

David Millour et Didier Marion vous accueillent au cœur du golf dans un cadre provençal. Carte : 40 €. Le midi 20 € sauf dimanche et jours fériés.
Golf Estérel, 83700 Saint-Raphael
Tél. 04.94.44.67.86

L'Aristocloche

Délicieux petit restaurant aux saveurs de la Provence. Pain maison, confitures, vin de lavande, etc. Fermé le lundi.
Place Lamartine
Tél. 04.94.95.28.36

J'écoute ! Je lis !

1. What number would you ring if you wanted
   (a) air conditioning?
   (b) home-made bread?
   (c) a take-away meal?
   (d) to eat in the shade?
   (e) to eat seafood?
2. When can you get the €20 menu in Restaurant le Sud?
3. When did La Lorraine reopen?
4. When can you dance for free in Le Voltaire?

Exercice Quatre

Des restaus à hauteur d'enfants

Pourquoi les enfants adorent-ils aller au fast-food ? Dans son passionnant essai *Libres ensemble* (éd. Nathan), le sociologue François de Singly et l'une de ses étudiantes, Julie Janet Chauffier, ont mené l'enquête.

• On emmène les enfants au McDo comme on pourrait les inviter au cinéma ou au manège. Il y a autant de convives enfants qu'adultes. Les hôtesses sont munies de drapeaux et de ballons, et le clown McDonald se promène parmi les tables. Un jouet est livré avec le menu enfant. Tout est «cadeau» : emballages, pailles, serviettes.

• Au McDo, on se résigne à manger «enfantin» comme on pourrait manger «chinois». La carte du menu est supprimée : les produits sont photographiés en grand au-dessus des caisses pour permettre aux enfants de commander leurs plats tout seuls. Le mobilier est adapté : chaises hautes pour les bébés, tables basses en forme d'animaux comme à la crèche, comptoirs et distributeurs accessibles.

• Les repas sont moins formels qu'à la maison ou dans un restaurant classique. Tout le monde mange avec les doigts. Ici, les enfants ont le droit de jouer avec la nourriture et de se lever de table et ne sont pas obligés de mettre une serviette. Le repas est bref et chacun mange à son rythme dans l'ordre qui lui plaît. On n'est pas obligé de tout finir. Les restes vont à la poubelle ! Enfin, les conversations sont forcément décousues à cause du bruit. Les enfants peuvent interrompre les adultes, parler tous en même temps …

• Au McDo, certains parents acceptent, pour un moment, de se mettre à égalité avec leurs enfants et ne jouent plus aux gendarmes. Les parents séparés y voient une occasion de se libérer de la corvée des courses tout en étant sûrs de faire plaisir à leur enfant : c'est leur «petite sortie à deux».

Give four reasons why, according to this article, children love McDonald's.

1. _____
2. _____
3. _____
4. _____

Exercice Cinq

> Lisa Cassidy
> 94 Killyman Rd.
> Dungannon
> Co Tyrone
> Irlande
>
> Dungannon, le 20 juin
>
> Hotel Splendide,
> 20 rue d'Antibes,
> 06400 Cannes
> France
>
> Monsieur/Madame,
>
> Ma famille et moi avons l'intention de passer deux semaines de vacances dans votre hôtel à partir du 10 septembre. Je voudrais retenir une chambre avec salle de bains pour mon mari et moi, et une chambre à deux lits avec douche pour nos deux filles. Nous prendrons la demi-pension.
>
> Quelles sont les possibilités de loisirs dans les environs ? Est-ce qu'il y a un parking privé dans l'hôtel ? Je vous serais reconnaissante de bien vouloir confirmer cette réservation et de m'envoyer vos tarifs ainsi que des dépliants sur la région.
>
> Veuillez agréer, Monsieur/Madame, l'expression de mes sentiments distingués.
>
> Lisa Cassidy

1. How long are the Cassidys going to stay in Cannes?
2. What type of rooms do they book?
3. What two questions do they ask?
4. What do they ask the hotel manager to send them?

J'écoute ! Je lis !

5. Find the expressions in French for
    (a) We intend to spend . . .
    (b) I would like to book . . .
    (c) Please send me your prices.
    (d) Yours faithfully

Exercice Six

HÔTEL CRISTAL ★★★★

4 ETOILES
Confort haut de gamme,
Ambiance intime et raffinée
**51 CHAMBRES
ET SUITES**
Terrasse panoramique
et piscine au 6ème étage

13–15, Rond-Point
Duboys d'Angers
06400 CANNES
Tél. 04.93.39.45.45
Fax : 04.93.38.64.66

*A 100 m de la mer,
400 m du Palais des
Congrès, en plein
centre de Cannes*

BAR-AMBIANCE vous
propose :
*Petits déjeuners, Plats du
jour, Apéritifs, Tapas . . .*
Tous les vendredis soirs,
de 18h30 à 19h30,
ORCHESTRE DE JAZZ
Ouvert toute la journée

RESTAURANT et son Bar
'LE PASTAGA'
Formule à 15 €,
menu à 25 € et carte
+ 30 variétés de vins
de Provence

Ouvert midi et soir

TRUE FALSE

1. This hotel is near the sea.   ☐ ☐
2. It does not have a swimming pool.   ☐ ☐
3. It serves breakfast in the bar.   ☐ ☐
4. There is music every Thursday evening. ☐ ☐

Exercice Sept

La Rochelle

Vieux port, hôtels particuliers et remparts font tout le charme de cette cité unique. Capitale européenne de la voile, elle est, aussi, un port de plaisance de renommée mondiale. La Résidence Locative Pierre & Vacances fait face au port de plaisance des Minimes, point de départ des régates.

Cadre de vie
Résidence Locative
Située à 50 m des commerces et 150 m de la plage, la Résidence est composée de petits studios pour 2 ou 3 personnes.

Dans tous les appartements
Séjour avec un lit double ou deux lits simples (lit simple dans l'entrée si 3 personnes), coin-cuisine équipé (2 plaques électriques, réfrigérateur et mini-four), salle de bains ou salle de douches avec w.-c. Téléphone.

Sports et détente
- **Dans la Résidence**
- **Piscine privée** avec terrasse-solarium et transats.
- **1 court de tennis:** 8 € de l'heure.
- **Volley-ball, ping-pong.**
- **Aire de jeux pour enfants.**
- **Salle de jeux** avec jeux vidéo, billard, babyfoot et flipper. Prêt de jeux de société.

- **Dans la station et ses environs**
- **Planche à voile, catamaran** avec le centre nautique des Minimes à 500 m.
- **Sorties en mer,** croisières à la carte
- **Golf Blue Green** 18 trous de la Prée en Marsilly à 15 km.
- **Aquarium marin** du port des Minimes **(tarifs préférentiels).**

Découverte
La Rochelle, le vieux port et ses tours, ses musées et ses richesses architecturales. Excursions vers **l'île de Ré, les îles d'Aix et d'Oléron.** Parmi les événements de l'été : les **Francofolies** en juillet et le **Grand Pavois** en septembre.

1. What is La Rochelle the European capital of?
2. Where is this holiday complex situated?
3. Name three sports that you can do in the complex.
4. Name two sports that you can do nearby.
5. Name two things to see in La Rochelle.

Aix-en-Provence

Ville d'art, capitale de la Provence et berceau de Cézanne, Aix-en-Provence a conquis une renommée internationale grâce à son festival d'art lyrique. La Résidence Hôtelière Pierre & Vacances est située à deux pas du centre historique et de son animation.

Cadre de vie
Résidence Hôtelière
Voisine de la place de la Rotonde et du célèbre Cours Mirabeau, la Résidence Hôtelière propose des appartements spacieux.

Services hôteliers inclus : lits faits à l'arrivée, linge de toilette avec un changement en milieu de semaine, ménage en milieu de semaine (excepté le coin-cuisine et la vaisselle), kit produits d'entretien et télévision.

Dans tous les appartements
Séjour, coin-cuisine entièrement équipé (2 plaques électriques, réfrigérateur, mini-four et mini-lave-vaisselle), salle de bains, w.-c. indépendants. Télévision. Téléphone. Voir précisions p. 4-5 du guide des prix.

Découverte
Aix et toutes ses richesses : ses hôtels particuliers, ses fontaines, ses musées.
La Provence, terre de contrastes, ses couleurs et ses saveurs. **Les villages du Lubéron et la vallée de la Durance.**

SERVICES
- Réception 24 h/24.
- Ascenseur.
- Parking couvert : 40 € pour une semaine, selon disponibilité.
- Petit déjeuner : 5 € par personne par jour.
- Services 'à la carte' (voir p. 6 du guide des prix).
- Laverie.
- Location de voitures.
- Coffres-forts individuels gratuits.
- Salles de séminaires climatisées.

1. What type of town is Aix-en-Provence?
2. Name two services that the hotel offers all guests.
3. Name three things that are in every kitchen.
4. Name two things that you can see in Aix-en-Provence.
5. What costs €5 per person?
6. What can be rented at the hotel?

SECTION C: L'Ecoute

Exercice Un

Three people book rooms in a hotel. Fill in the information below.

1. Type of room/s reserved: _____

   No. of nights: _____

   With bathroom or shower: _____

   Price per night: _____

2. Type of room/s reserved: _____

   No. of nights: _____

   With bathroom or shower: _____

   Price per night: _____

3. Type of room/s reserved: _____

   No. of nights: _____

   With bathroom or shower: _____

   Price per night: _____

Exercice Deux

Three people order meals in a restaurant.

1. Starter: _____

   Main course: _____

   Dessert: _____

   Drink: _____

2. Starter: _____

   Main course: _____

   Dessert: _____

   Drink: _____

J'écoute ! Je lis !

3. Starter: _____
   Main course: _____
   Dessert: _____
   Drink: _____

Exercice Trois

An evening out in a restaurant

1. When was the table reserved for?
2. What type of table was reserved?
3. What did the lady have as her main course?
4. What did the man have as a starter?
5. What did the man have to drink?
6. What did the lady have to drink?
7. What did the man have for dessert?
8. What did the lady ask the waiter to bring them?
9. How much did the meal come to?
10. How much did they leave as a tip?

SECTION D: L'Ecrit

You intend to spend two weeks in France with your friend. Write a letter to the following hotel in Nice:

Hôtel Mirabeau,
22 rue d'Antoine,
06900 Nice

Include the following details:
- two adults
- one twin room with a bathroom
- two weeks (give the dates)
- ask about activites including nightclubs and water sports
- ask for confirmation of your reservation.

Remember to lay out and sign off your letter correctly. A formal letter appeared on the 2005 Higher Level exam.

Chapitre 18 — La santé

SECTION A: Le Vocabulaire

This chapter is about health and illness. You will find out how to say what is wrong with you, how to understand what the doctor tells you to do and how to ask for what you need at the pharmacy.

Le corps

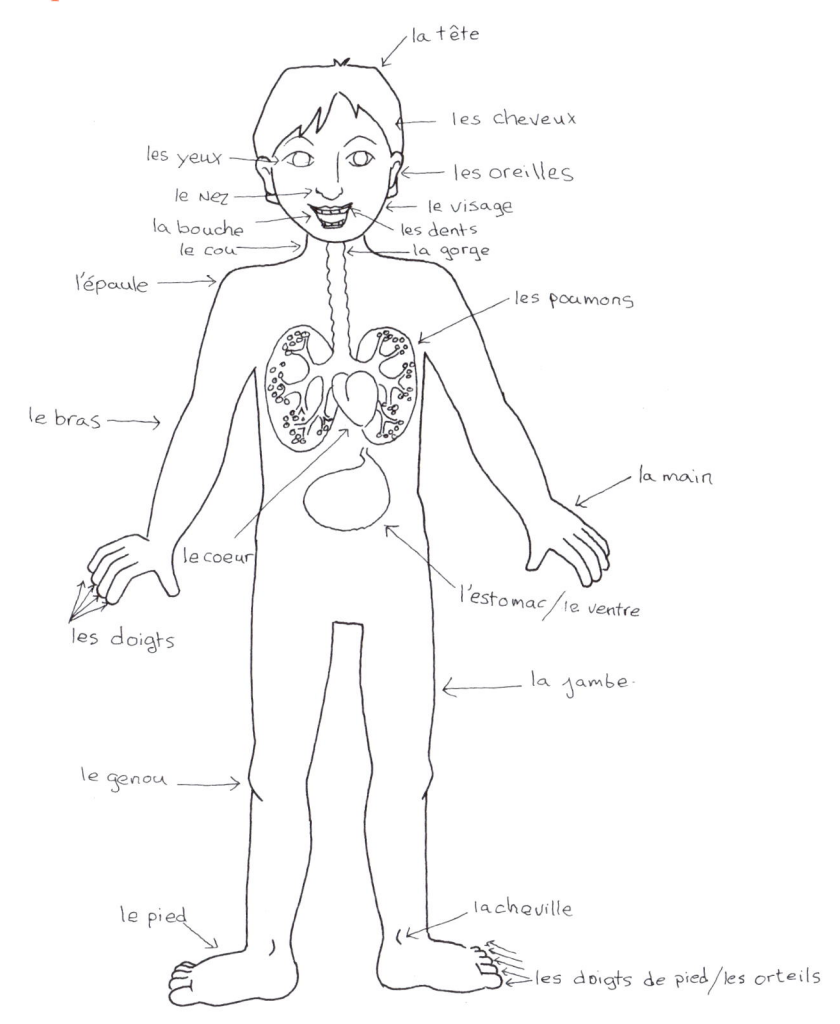

- la tête
- les cheveux
- les yeux
- les oreilles
- le nez
- le visage
- la bouche
- les dents
- le cou
- la gorge
- l'épaule
- les poumons
- le bras
- la main
- le cœur
- l'estomac / le ventre
- les doigts
- la jambe
- le genou
- le pied
- la cheville
- les doigts de pied / les orteils

Qu'est-ce qu'il y a ?   J'écoute ! Je lis !   **Qu'est-ce qui ne va pas ?**   **Qu'est-ce que vous avez ?**

Je ne me sens pas bien.	*I don't feel well.*
Je me sens malade.	*I feel sick.*
Je n'ai pas d'appétit.	*I have no appetite.*
Je suis enrhumé./J'ai un rhume.	*I have a cold.*
Vous avez l'air malade.	*You look sick.*
Je suis hors d'haleine.	*I am out of breath.*
J'ai mal à la tête.	*I have a headache.*
avoir mal à la gorge	*to have a sore throat*
avoir mal au ventre	*to have a sick stomach*
avoir mal aux dents	*to have a toothache*
avoir mal à l'oreille	*to have an earache*
avoir mal à la jambe	*to have a sore leg*
avoir mal au dos	*to have a backache*
avoir de la grippe	*to have the flu*
aller mieux	*to get better*
arracher une dent	*to extract a tooth*

Des expressions utiles

Je voudrais prendre un rendez-vous chez le médecin/le dentiste.	*I would like to make an appointment with the doctor/dentist.*
Je voudrais de l'aspirine, s'il vous plaît.	*I would like some aspirin, please.*
Avez-vous quelque chose contre … ?	*Have you something for …?*
Restez au lit.	*Stay in bed.*
Prenez des antibiotiques.	*Take some antibiotics.*
Buvez beaucoup d'eau.	*Drink lots of water.*
Je vais vous donner une ordonnance.	*I am going to give you a prescription.*

Les verbes

respirer	*to breathe*
maigrir	*to become thin*
grossir	*to become fat*
tousser	*to cough*
mourir	*to die*
naître	*to be born*
guérir	*to cure*
se fatiguer	*to get tired*
pleurer	*to cry*
transpirer	*to sweat*
saigner	*to bleed*
se casser le/la…	*to break one's …*
se blesser le/la…	*to hurt one's …*

Les mots

l'ambulance (f)	*ambulance*
le cachet/la pilule	*tablet*
la blessure	*wound*
l'hôpital (m)	*hospital*
la toux	*cough*
la fièvre	*fever*
les coups de soleil	*sunburn*
une crise cardiaque	*a heart attack*
une intoxication alimentaire	*food poisoning*
la rougeole	*measels*
la douleur	*pain*
le médecin	*doctor*
l'infirmière	*nurse*
le pharmacien	*chemist*

SECTION B: La Compréhension

Exercice Un

Match up the symptom with the remedy.

Symptoms
1. J'ai mal à la tête.
2. J'ai une toux.
3. J'ai pris un coup de soleil.
4. J'ai mal à la gorge.
5. J'ai mal au ventre et j'ai vomi ce matin.

Remedies
A. Appliquez la crème solaire et buvez beaucoup d'eau.
B. Prenez une pastille pour la gorge toutes les trois heures.
C. Restez au lit, buvez beaucoup d'eau et ne mangez rien pour vingt-quatre heures.
D. Prenez un cachet d'aspirine trois fois par jour.
E. Prenez une cuiller à soupe trois fois par jour, avant les repas.

J'écoute ! Je lis !

Exercice Deux

Look at the pictures and write a sentence describing what is wrong. The first one has been done for you.

1. J'ai mal à la tête.

1   2   3

4   5   6   7

Exercice Trois

PERMANENCE DE SOINS DE NICE
En cas d'absence de votre médecin habituel un des médecins généralistes de votre quartier répondra 24h sur 24h y compris dimanches et jours fériés.
Téléphonez au 92.56.43.45

When would you ring this number?

Exercice Quatre

Non à la rougeole

Depuis cinq ans, seuls 82 % des enfants de 2 ans sont vaccinés. Le rattrapage entre l'âge de 2 et 6 ans laisse encore 10 % d'enfants non vaccinés, malgré la gratuité du vaccin ROR (rougeole-oreillons-rubéole). Pour éradiquer la maladie, il faudrait que plus de 95 % de la population le soit. Un conseil : vaccinez une première fois votre bébé vers 12 mois. Aujourd'hui, 50 % des cas surviennent chez les plus de 10 ans, avec parfois de très graves conséquences.

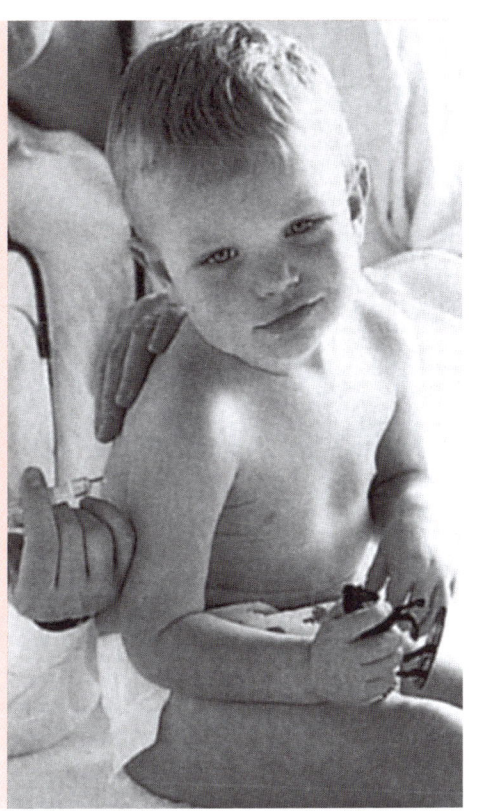

1. What does the figure 82% refer to?
2. At what age should a baby be vaccinated against measles?
3. 50% of measles occur in what age group?

TOUT SUR SA SANTÉ

Bébé Santé, le magazine conçu par une équipe de spécialistes, est disponible gratuitement dans les salles d'attente de plus de 3.000 pédiatres. On peut également s'y abonner pour 10 € par an.

La totalité des bénéfices est reversée à la Fondation pour l'enfance, une association s'occupant de la santé des enfants.

Renseignements au 01.60.19.68.15

1. How much does the magazine *Bébé Santé* cost?
2. Where can you get it?
3. What does the organisation *La Fondation pour l'enfance* do?

Exercice Cinq

ATTENTION aux caries ! Toutes les études nous en avertissent : plus les enfants grignotent et plus ils ont de caries. Les aliments incriminés : les friandises et les céréales, qui collent aux dents, ainsi que les sodas qui acidifient leurs palais et favorisent l'installation de la plaque dentaire. Mais surprise ! Quand ces aliments sont consommés au cours d'un repas (des céréales prises au petit déjeuner, par exemple), le taux de caries se met à chuter.

What is this article telling us to be careful of?

ETATS-UNIS
5.700 piétons sont tués chaque année. Un sur sept est un enfant. Aussi l'association 'Pour une Amérique piétonne' organise-t-elle, une fois par an, une journée de l'accompagnement à pied des enfants, pour rappeler aux autorités locales que la marche est un mode de déplacement à prendre en considération.

1. What does the figure 5,700 represent?
2. Which group is especially at risk?

Exercice Six

Bouger, c'est excellent

■ L'activité physique a deux intérêts : elle aide à perdre du poids, et elle fait 'brûler' du sucre. Pour redémarrer un sport, il faut demander l'avis du médecin. Des activités simples mais efficaces, comme la marche rapide, la natation, le vélo, sont conseillées. L'idéal est d'y consacrer une demi-heure à une heure, trois à quatre fois par semaine. Aux personnes nullement sportives avant, le médecin recommande de se remettre en condition doucement, avec de petites séances dont le temps est augmenté chaque semaine.

1. Give two advantages of physical exercise.
2. Before starting a sport what should you do?
3. List three recommended sports.
4. How often should you practise a sport?

Exercice Sept

L'alcool tue aussi en Irlande

Les autorités irlandaises viennent de relancer une campagne contre l'alcoolisme qui fait des ravages chez les jeunes. D'après les chiffres officiels, la consommation d'alcool, pas seulement sous forme de bière, a augmenté de 50 % au cours des dix dernières années. Ce qui place l'Irlande à la troisième place pour la consommation d'alcool dans le monde. Ce sont les jeunes qui sont le plus touchés par la progression de l'alcoolisme. Depuis le début de l'année les policiers de Dublin ont arrêté 20.000 personnes pour ivresse sur la voie publique.

1. According to this article, what has happened over the last ten years?
2. Who is most affected by the increase?

SECTION C: L'Ecoute

Exercice Un

Four people visit their doctor.

1. Symptoms:

   Illness:

   Solution:

2. Symptoms:

   Illness:

   Solution:

J'écoute ! Je lis !

3. Symptoms: _____

   Illness: _____

   Solution: _____

4. Symptoms: _____

   Illness: _____

   Solution: _____

Exercice Deux

Three people go to the chemist.

1. Problem/Illness: _____

   Item/s bought: _____

   Amount paid: _____

2. Problem/Illness: _____

   Item/s bought: _____

   Amount paid: _____

3. Problem/Illness: _____

   Item/s bought: _____

   Amount paid: _____

Exercice Trois

Interview with Doctor Duclos who is giving advice about good eating habits.

1. How much water should one drink a day?
2. Give one of the doctor's tips to help people drink water.

3. Name two drinks that should be avoided.
4. Why should you not eat late in the evening?
5. What does he suggest having for breakfast?
6. What two things should you try to eat every day?
7. How often should you eat meat?
8. Name three things you should limit in your diet.
9. Why should you avoid fatty foods?
10. What number should you ring if you have a question?

SECTION D: L'Ecrit

You come into your French class one morning and you haven't done your homework. You decide to write a short note in French to the teacher explaining why. In your note tell him/her that
- you have not done your homework and you are sorry
- you had a headache last night and you went to bed early
- you will do the homework this evening.

Chapitre 19 — Les accidents de la route

SECTION A: Le Vocabulaire

The following words and phrases will help you with this chapter which deals with road and traffic accidents.

Les verbes

conduire	to drive
s'arrêter	to stop
blesser	to injure
renverser/bouleverser	to knock down
tuer	to kill
klaxonner	to sound a horn
freiner	to brake
stationner	to park
heurter	to hit
dépasser/doubler	to pass/overtake
ralentir	to slow down
accélérer	to accelerate
rouler	to travel/move
déraper	to skid

Les expressions

être tué sur le coup	to be killed instantly
brûler un feu rouge	to go through a red light
être transporté à l'hôpital	to be brought to hospital
au volant	at the wheel
gravement/grièvement blessé	seriously injured
mortellement blessé	fatally injured
cent kilomètres à l'heure	100 kilometres an hour
à toute vitesse	at full speed
en état d'ivresse	under the influence of alcohol
perdre le contrôle	to lose control

Les moyens de transport

le camion	*truck/lorry*
la camionette	*van*
l'autobus (m)	*bus*
l'autocar (m)	*coach*
la voiture/l'auto (f)	*car*
le taxi	*taxi*
la moto	*motorbike*
la mobylette	*moped*
le vélo/la bicyclette	*bicycle*
la remorque	*trailer*
le poids lourd	*articulated lorry*
le train	*train*
le bateau	*boat*
l'avion (m)	*plane*

Les personnes

le chauffeur	*driver*
le piéton	*pedestrian*
le blessé	*injured person*
le routier	*truck driver*
le/la mort(e)	*dead person*
le gendarme/policier	*policeman*
les sapeurs-pompiers	*rescue services*

Les endroits

le rond-point	*roundabout*
le trottoir	*pavement*
le carrefour	*crossroads*
la rue	*road/street*
l'autoroute (f)	*motorway*
le virage	*bend*
les feux de circulation	*traffic lights*

J'écoute ! Je lis !

SECTION B: La Compréhension

Exercice Un

You are driving in France and you see the following signs.

1. Which sign reminds you about the speed limit?
    (a) Péage à 200 m
    (b) Limitation de vitesse
    (c) Jardin public
    (d) Feux de circulation

2. Which sign warns you about black ice?
    (a) Tarif réduit
    (b) Syndicat d'initiative
    (c) Verglas fréquent
    (d) Stationnement interdit

3. Which sign warns you about lorries coming onto the road?
    (a) Virages sur 2 km
    (b) Priorité à droite
    (c) Sortie de camions
    (d) Location de vélos

4. What do the other signs mean?

Exercice Deux

In each of the following groups of words pick the odd one out.

1. (a) le camion
   (b) la voiture
   (c) le poids lourd
   (d) le cartable

2. (a) heurter
   (b) stationner
   (c) bouleverser
   (d) renverser

3. (a) la dinde
   (b) le trottoir
   (c) le carrefour ☐
   (d) le rond-point

Exercice Trois

UNE MOTO HEURTÉE PAR UNE VOITURE QUI A PRIS LA FUITE

Dimanche aux alentours de 5 heures du matin, une moto de marque Honda circulant à hauteur du Motel de Saint-Aygulf en direction de Saint-Tropez a été percutée par une voiture de couleur blanche.

Le motard et sa passagère ont chuté au sol. Le conducteur du véhicule a de son côté continué son chemin, laissant les deux malheureuses victimes, qui ont été évacuées vers l'hôpital Bonnet pour y subir des examens.

TRUE   FALSE

1. The accident happened on Sunday afternoon. ☐ ☐
2. The motorbike was hit by a grey car. ☐ ☐
3. Both the driver of the bike and his passenger fell. ☐ ☐
4. They were brought to hospital by the driver of the car. ☐ ☐

Exercice Quatre

Read the following newspaper article and answer the questions which follow.

Jeudi soir, un train a heurté une voiture à un passage à niveau à 52 kilomètres de Lyon. L'accident a eu lieu à 20h10. Il paraît que la voiture, une Renault 19, est tombée en panne quelques minutes avant l'arrivée du train. Le chauffeur qui était seul dans la voiture avait réussi à quitter son véhicule avant la collision. Heureusement, il n'y a pas eu de morts.

1. When did the accident happen?
2. Where did the accident happen? (2 points)
3. What happened the car?
4. How many people were killed?

J'écoute ! Je lis !

Exercice Cinq

Read the following notice and answer the question which follows.

TOUT LE MONDE DOIT ETRE PREPARE A TOUT

Savez-vous que faire si un accident se produit en route ?
Le meilleur secouriste est celui qui en cas d'accident :
– ne perd pas la tête
– reste calme
– sait quand alerter les services de secours.

Name two things this notice advises you to do should an accident happen.

Exercice Six

Accident mortel à moto

A Sanary, un jeune Ollioulais a perdu le contrôle de l'engin qu'il était en train d'essayer.

C'est un nouveau deuil qui touche une famille ollioulaise depuis la terrible nuit du 14 juin au 15 juin. En effet, il est deux heures du matin ce jeudi quand Laurent Baldazzini, un Ollioulais de 30 ans, décide, à l'issue d'un repas entre amis en bord de mer, d'essayer la moto d'un copain, une grosse cylindrée (Honda 900) . . .

Malheureusement, alors qu'il circulait sur la corniche, au 774 route de Bandol, Laurent perdait le contrôle du bolide et venait violemment heurter un pylône électrique situé sur le bas-côté. Mort sur le coup, il sera conduit à la morgue par les sapeurs-pompiers. Cette nuit-là, les policiers sanaryens ont tenté de reconstituer les faits qui ont conduit à ce drame. Ainsi, selon leurs premières conclusions, le jeune motard roulait, semble-t-il, assez vite et sans le minimum de protection exigé par la loi.

	TRUE	FALSE
1. This accident happened at two o'clock on Friday morning.	❏	❏
2. Laurent Baldazzini had just had a meal with his friends in town.	❏	❏
3. He lost control of the bike and hit an electricity pylon.	❏	❏
4. He was killed instantly.	❏	❏
5. He was going fast but was wearing a helmet.	❏	❏

SECTION C: L'Ecoute

Exercice Un

You will now hear three short news reports about accidents that have taken place. Fill in the details in the grid below.

Time of accident	Place accident occurred	Vehicles involved	No. of people dead/injured

Exercice Deux

You will now hear a news report about an accident. Listen carefully and answer the true/false questions.

	TRUE	FALSE
1. The accident happened on Friday morning.	❏	❏
2. The flight was coming from London.	❏	❏
3. The two pilots and 180 passengers were killed.	❏	❏
4. The cause of the accident is not yet known.	❏	❏

J'écoute ! Je lis !

Exercice Trois

Listen to this short report about a road accident and fill in the missing words.

Un _____ s'est produit hier matin, peu après _____ heures dans le centre _____ de Cannes. Alexandre Moreau, âgé de _____ ans, traversait la route, lorsqu'il a été renversé par une _____ conduite par Monsieur Pierre Latour. Souffrant de fractures aux _____ , le petit _____ a été hospitalisé.

Exercice Quatre

Listen to the following news report and answer the questions which follow.

1. When did the accident happen?
2. How many students were on the bus?
3. What nationality were the students?
4. What had they been doing in France?
5. What age was the girl who died?
6. What subject did the teacher who died teach?
7. How many people were seriously injured?

SECTION D: L'Ecrit

You got a letter from your pen friend Martin/Martine three weeks ago and you are sorry that you have not replied before now. Write a letter in French to Martin/Martine in which you
– apologise for not having replied sooner
– tell about a minor accident that happened in your home
– tell about the new car your family has bought
– say school is interesting (or boring) at the moment
– say that you are going to England on a school tour next week.

Chapitre 20 — Les actualités

SECTION A: Le Vocabulaire

This chapter deals with news articles. The vocabulary is especially helpful for section E of the listening comprehension.

Les personnes

un roi	*a king*
une reine	*a queen*
un chef de parti	*a party leader*
un politicien	*a politician*
un avocat	*a lawyer*
un témoin	*a witness*
un voyou	*a hooligan*
un juge	*a judge*
un voleur	*a robber/thief*
une victime	*a victim*

La politique

une élection	*an election*
une ambassade	*an embassy*
la loi	*the law*
le parlement	*the parliament*
un Etat	*a State*

Les crimes

un vol à main armée	*an armed robbery*
un cambriolage	*a burglary*
une attaque à main armée	*a hold-up*
un détournement	*a hijacking*
un meurtre	*a murder*
une agression	*an attack*

Les désastres

une inondation	*a flood*
une grève	*a strike*

J'écoute ! Je lis !

un ouragon	*a hurricane*
un orage	*a storm*
une avalanche	*an avalanche*
les dégâts (m)	*damage*
un séisme	*an earthquake*
un tremblement de terre	*an earthquake*
un incendie	*a fire*
la guerre	*war*
la drogue	*drugs*
le Tiers Monde	*the Third World*
l'échelle de Richter	*the Richter scale*
une amende	*a fine*
la peine	*punishment*

Les verbes

accuser de	*to charge with*
arrêter	*to arrest*
assassiner	*to murder*
blesser	*to injure*
cambrioler	*to burgle*
condamner	*to condemn*
s'effondrer	*to collapse*
se noyer	*to drown*
tuer	*to kill*
voler	*to steal*

SECTION B: La Compréhension

Exercice Un

En bref

1. Who did Robin Ferrière kill?
2. What punishment did he get?

■ **Justice**

Robin Ferrière, 27 ans, qui comparaissait depuis vendredi devant les assises de Paris pour des «violences habituelles ayant entraîné la mort» de son fils, Antonin, âgé de trois mois, a été condamné hier soir à huit ans de prison. L'avocat général avait requis une peine «autour de dix à douze ans» de réclusion.

■ Pitbulls

Kofi Sahouot, 23 ans, le propriétaire des chiens de type pitbull et de l'américan staffordshire terrier, dont deux au moins ont sérieusement blessé samedi soir une mère et sa fille de 17 ans à Puiseux-en-France (Val-d'Oise), a été remis hier soir en liberté à l'issue de sa garde à vue. Les bêtes ont, en revanche, été maintenues au refuge SPA de Gennevilliers (Hauts-de-Seine).

1. Who was attacked by the dogs?
2. When were they attacked?

■ Inondations

Les corps de Fatima, 22 ans, et de son frère Mohamed, 10 ans, disparus le 14 juin à la suite d'inondations dans l'Hérault, ont été retrouvés hier au milieu de la rivière Orbes. Les deux victimes avaient été emportées par la rivière en crue après de violents orages alors qu'ils circulaient en voiture avec leur mère. Celle-ci avait pu se sortir de l'eau.

1. When were Fatima and Mohamed's bodies found?
2. How did they die?

Exercice Deux

DECOUVERTE

Un lézard géant aux Canaries

Des biologistes espagnols ont découvert un lézard de 50 centimètres de longueur, sur l'île de la Gomera (Canaries). L'animal appartient à une espèce que l'on croyait disparue depuis 500 ans. Le *Galliota gomerona* a rejoint six reptiles d'autres espèces, gardés en captivité. Il y a peu d'espoir de trouver de nouveaux spécimens car les lézards sont la proie des chats domestiques, très nombreux sur cet îlot.

1. What nationality were the biologists who found the lizard?
2. Why is it unlikely anymore will be found?

J'écoute ! Je lis !

Exercice Trois

FONDATION
100.000 dollars contre le noma

Pour l'anniversaire du premier tour du monde en ballon sans escale, la fondation créée par Bertrand Piccard et Brian Jones (les Vents de l'Espoir) a remis hier sa première bourse de 100.000 dollars au programme d'action et de lutte contre le noma conduit par l'OMS (Organisation mondiale de la santé). Le noma, une stomatite gangréneuse qui mutile le visage de centaines de milliers d'enfants chaque année, peut être soigné par des traitements peu coûteux.

1. What anniversary is it?
2. What does OMS stand for in English?
3. What part of the body does the disease 'noma' affect?

Exercice Quatre

FAITS DIVERS

En état d'ivresse, il vole une paire de chaussures

En fin de semaine dernière, le propriétaire d'un magasin de chaussures, situé au centre-ville de Fréjus, alertait une patrouille pédestre de la police municipale pour désigner l'auteur d'un vol d'une paire de chaussures commis quelques instants avant.

Les policiers municipaux procédaient à l'interpellation du suspect qui se trouvait en état d'ivresse, avant de le remettre à une patrouille de la police nationale. Ce dernier s'était rendu coupable la veille d'un vol d'un portefeuille sur une personne après l'avoir bousculée.

Placé en garde à vue, il a été présenté au parquet et écroué à la prison de Draguignan.

1. When did the robbery take place?
2. What was stolen?
3. How was the man when he was arrested?
4. What else had he robbed?

VEHICULE SUR TOIT, LE CONDUCTEUR SANS PERMIS

Ce week-end, les hommes de la brigade anti-criminelle sont intervenus lors d'un accident de la circulation sur la RN 98, à proximité du bâtiment 'Le Venise', où un véhicule s'était retourné sur le toit. Extrait de la voiture accidentée par des témoins, le conducteur, remis de ses émotions, a aussitôt pris la fuite. Grâce au signalement communiqué par des témoins, les hommes de la BAC ont, peu après, interpellé le conducteur à proximité des lieux de l'accident et qui était en état d'ivresse. L'intéressé n'était pas titulaire du permis de conduire.

Placé en cellule de dégrisement puis en garde à vue, il a été remis en liberté mais il devra répondre ultérieurement de ces agissements devant la juridiction compétente.

1. What happened the car?
2. Name two things that we are told about the driver.

Exercice Cinq

LA TERRE TREMBLE EN EMILIE-ROMAGNE

Un séisme d'une magnitude de 4,7 sur l'échelle ouverte de Richter a ébranlé hier à 9h42 locales l'Emilie-Romagne, dans le nord de l'Italie.

Quelques bâtiments ont été endomagés et la population s'est précipitée par centaines dans les rues mais on ne signalait aucune victime.

A Reggio Emilia, le tremblement de terre s'est produit en plein défilé militaire présidé par le ministre de la Défense, Sergio Mattarella.

1. What happened yesterday at 9.42?
2. Where did it happen?
3. How many people were killed?

Exercice Six

TV5
Destin d'un couturier
Dimanche, la chaîne propose une interview de l'un des plus célèbres couturiers français, Hubert de Givenchy. Il a habillé les plus grandes dames de son époque, comme Audrey Hepburn ou Rose Kennedy. Il racontera son destin exceptionnel après une série de défilés haute couture. 16h15.

1. When will the interview be shown?
2. Who is Hubert de Givenchy?

Exercice Sept

Barrages de pêcheurs bretons
Les pêcheurs bretons ont organisé hier matin des barrages filtrants dans plusieurs ports de la région afin de protester contre la hausse des prix du carburant. Les pêcheurs doivent rencontrer jeudi à Paris le ministre de l'Agriculture et de la Pêche, Jean Glavany.

1. Who has organised the blockades?
2. When did they organise them?
3. What are they protesting against?
4. Who are they meeting on Thursday?

Exercice Huit

Prison ferme pour des néo-nazis

Deux jeunes néo-nazis de 17 et 18 ans, jugés pour une tentative d'incendie criminel contre la synagogue d'Erfurt (ex-RDA), ont été condamnés respectivement par le tribunal de Gera à des peines de prison ferme de deux ans et trois mois et trois ans. L'attentat avait été commis le 20 avril, jour anniversaire de la naissance d'Adolf Hitler.

1. What crime are the two youths accused of?
2. What prison sentences did they get?
3. What is significant about the day the crime was committed?

Exercice Neuf

IL PEND SA FEMME SUR LA CORDE À LINGE AVANT DE SE TUER

Un Egyptien qui a pendu sa femme sur la corde à linge de son balcon a mis fin à ses jours en s'empoisonnant. L'homme, qui était sorti de prison dix mois plus tôt, a copieusement rossé son épouse qui avait obstinément refusé de le voir au parloir. Il lui a lié les poings et les chevilles avant de la suspendre sur la corde à linge du balcon, d'où la malheureuse s'est écrasée en contrebas. Les enquêteurs ont par la suite découvert le corps sans vie du mari dans un jardin public. Il s'était empoisonné.

1. Who did the man kill before committing suicide?
2. How did he kill himself?
3. What had happened to him ten months earlier?

Exercice Dix

ETATS-UNIS
Un 'baron de la cocaïne' extradé

Un présumé 'baron de la cocaïne' colombien, Orlando Garcia Cleves, a été extradé hier matin de Bogota vers les Etats-Unis pour y être jugé pour trafic de drogue. Accusé d'avoir introduit 116 kg de cocaïne en 1998 aux Etats-Unis, Garcia Cleves est le second Colombien remis à la justice américaine depuis la réactivation de cette mesure en 1997.

1. When was Orlando Garcia Cleves extradited?
2. What country was he extradited to?
3. What crime is he being accused of?

J'écoute ! Je lis !

Exercice Onze

ALGERIE

Poursuite des tueries

L'escalade de la violence enregistrée depuis une semaine s'est poursuivie en Algérie où douze personnes ont été tuées et cinq enlevées par des islamistes, rapporte la presse algérienne. Avant hier, six jeunes, venus camper sur une plage à quelques kilomètres d'une station balnéaire à 70 km à l'ouest d'Alger, ont été tués par un groupe armé.

1. How many people have been killed?
2. What has happened a further five people?
3. What were six young people doing when they were killed?

SECTION C: L'Ecoute

Exercice Un

A morning news report

1.   **TRUE FALSE**

In the south of France storms caused serious flooding yesterday evening. ☐ ☐
Around twenty people were injured. ☐ ☐
Three people were killed when a tree fell on their car. ☐ ☐

2.   **TRUE FALSE**

In San Francisco an earthquake has killed ten people. ☐ ☐
Several buildings were seriously damaged. ☐ ☐
The earthquake measured 6 on the Richter scale. ☐ ☐

3.   **TRUE   FALSE**

The fire killed 14 people and injured 36.   ❐   ❐
The firemen got it under control very quickly.   ❐   ❐
The majority of the victims are aged between 15 and 17. ❐   ❐

4.   **TRUE   FALSE**

The European semifinals in hockey have just
   been played.   ❐   ❐
France played against England.   ❐   ❐
France lost the match.   ❐   ❐

5.   **TRUE   FALSE**

The forecast is for Sunday, 5 July.   ❐   ❐
In the north of the country it will be overcast
   with bright spells in the afternoon.   ❐   ❐
The minimum temperature will be 8 degrees.   ❐   ❐

Exercice Deux

An evening news bulletin

1. (a) When did the volcano erupt?
   (b) How many people had to be evacuated?
   (c) Who has gone to help the victims?

2. (a) What nationality is the girl who won the lottery?
   (b) How much has she won?
   (c) What does she intend buying with the money?

3. (a) What is the date?
   (b) Where did the robbery take place?
   (c) At what time did it happen?
   (d) How much money was stolen?

J'écoute ! Je lis !

4. (a) What happened to the little boy?
   (b) What age was he?
   (c) What was he doing in Quimper?

5. (a) What sport is mentioned?
   (b) What two countries were playing?
   (c) What was the final score?

6. (a) What is the weather forecast for this evening?
   (b) What will temperatures range between?

Exercice Trois

Some news items

1. (a) How many people have died?
   (b) What caused their deaths?
   (c) Where were their bodies discovered?

2. (a) How many people have been killed in this explosion?
   (b) When did it happen?
   (c) Where did the explosion occur?

3. (a) Where did the flooding occur?
   (b) How many people have been injured?
   (c) How many houses have been damaged?

4. (a) Who won the hockey match?
   (b) What was the final score?
   (c) When is the final?

5. (a) What will the weather be like in the morning?
   (b) What direction is the wind coming from?
   (c) What will the afternoon be like?
   (d) What temperatures are predicted for the afternoon?

SECTION D: L'Ecrit

It's the month of September and you are just back in Ireland from a holiday with some friends in the south of France. Write a letter to a French friend, Marie-Claire, in which you
– tell her that you liked the holiday, especially the nice weather
– refer to an interesting village you visited
– say that you have returned to school but are finding one subject difficult
– tell her you are going on a school tour in October
– ask about her family.

(J.C.O.L. 2004)

J'écoute ! Je lis !

Contents of *J'écoute ! Je lis !* Student's CD

1. Ch 1 Sec C Ex 1 – Les jeunes se présentent
2. Ch 1 Sec C Ex 3 – Les anniversaires
3. Ch 2 Sec C Ex 2 – Une lettre
4. Ch 2 Sec C Ex 3 – Quine
5. Ch 3 Sec C Ex 2 – Des conversations au téléphone
6. Ch 3 Sec C Ex 3 – Les températures européennes
7. Ch 4 Sec C Ex 1 – Les sportifs se présentent
8. Ch 4 Sec C Ex 2 – Trois interviews
9. Ch 5 Sec C Ex 1 – Une lettre
10. Ch 5 Sec C Ex 2 – Trois invitations
11. Ch 6 Sec C Ex 1 – Mon repas préféré
12. Ch 6 Sec C Ex 3 – Le menu à la cantine
13. Ch 7 Sec C Ex 1 – Les jeunes se présentent
14. Ch 7 Sec C Ex 2 – Samedi dernier
15. Ch 8 Sec C Ex 2 – J'aimerais devenir . . .
16. Ch 9 Sec C Ex 2 – Les grandes vacances arrivent
17. Ch 9 Sec C Ex 4 – Au camping
18. Ch 10 Sec C Ex 1 – Mon école
19. Ch 10 Sec C Ex 2 – Les matières
20. Ch 11 Sec C Ex 1 – Mon meilleur copain
21. Ch 11 Sec C Ex 3 – Interview avec un chanteur
22. Ch 12 Sec C Ex 1 – Quel magasin ?
23. Ch 12 Sec C Ex 3 – Faires des courses
24. Ch 13 Sec C Ex 1 – Les directions
25. Ch 13 Sec C Ex 3 – Pour aller à . . .
26. Ch 14 Sec C Ex 1 – Votre attention, s'il vous plaît !
27. Ch 14 Sec C Ex 2 – Au bureau des objets trouvés
28. Ch 15 Sec C Ex 2 – Les informations
29. Ch 15 Sec C Ex 4 – Trois personnes se présentent
30. Ch 16 Sec C Ex 1 – Au téléphone
31. Ch 16 Sec C Ex 3 – Les petites notes
32. Ch 17 Sec C Ex 1 – A la réception
33. Ch 17 Sec C Ex 3 – Une soirée au restaurant
34. Ch 18 Sec C Ex 1 – Chez le docteur
35. Ch 18 Sec C Ex 2 – A la pharmacie
36. Ch 19 Sec C Ex 1 – Les informations
37. Ch 19 Sec C Ex 2 – Accident d'avion
38. Ch 20 Sec C Ex 1 – Les infos de neuf heures
39. Ch 20 Sec C Ex 3 – Les infos de six heures